AF617248

Impunes
Batallón Vasco Español (1975-1983)

IÑAKI
EGAÑA

IMPUNES

BATALLÓN VASCO ESPAÑOL (1975-1983)

Prólogo:

JOSU
URRUTIKOETXEA

PRIMERA EDICIÓN DE TXALAPARTA
Junio de 2025
SEGUNDA EDICIÓN DE TXALAPARTA
Septiembre de 2025

EDICIÓN: Ane Eslava

EDITORIAL TXALAPARTA S.L.
San Isidro 35
31300 Tafalla NAFARROA
Tfno. 948 703 934
info@txalaparta.eus
www.txalaparta.eus

ISBN
978-84-10246-59-1

DEPÓSITO LEGAL
NA. 994-2025

DISEÑO DE COLECCIÓN Y CUBIERTA
Esteban Montorio

MAQUETACIÓN
Amagoia Arrastio Ágreda

IMPRESIÓN
Ulzama Digital
Polígono Areta, Altzutzate
48610 Uharte – Navarra

txalaparta

Índice

HITZAURREA. BERROGEITA HAMAR URTE 9
PRÓLOGO. CINCUENTA AÑOS 15
INTRODUCCIÓN 21
EL CONTEXTO 31
LA ESCUELA INTERNACIONAL 39
LOS ANTECEDENTES 43
PRIMER ATENTADO CON EXPLOSIVOS A UN REFUGIADO 51
PERTUR: UNA DESAPARICIÓN SIN RESPUESTA 61
MONTEJURRA COMO LABORATORIO 71
LOS ETXABE: UNA FAMILIA EN EL PUNTO DE MIRA 77
VENGANZA POR LA OPERACIÓN OGRO 83
EL TRIÁNGULO DE LA MUERTE 89
LA SOMBRA ALARGADA DE LA GUERRA DE 1936 97
EL BVE ACTÚA EN PARÍS 103

ENRIQUE GÓMEZ Y LAS BALAS DUM-DUM 105

ATENTADO EN LA PLAYA DE ANGELU 109

LA MUERTE AGÓNICA DE JUSTO 111

VIOLACIONES BAJO SIGLAS PARAPOLICIALES 115

MUERTE A SALDISE EN LEZO 123

LA MASACRE DEL BAR ALDANA 125

MADRID NO ERA REFUGIO:
EL CASO DE YOLANDA GONZÁLEZ 131

ZUBIKARAI: SECUESTRO, EJECUCIÓN
Y SILENCIO INSTITUCIONAL 135

UNA CRÓNICA SIN CONCLUIR 137

ATENTADO CONTRA UNA IKASTOLA 143

AL OTRO LADO DEL OCÉANO ATLÁNTICO 147

LA MASACRE DEL HENDAYAIS 153

DEPORTADO EN YEU, MUERTO EN BIARRITZ 159

HIPÓTESIS CONFIRMADAS Y OTRAS SIN RESPUESTA 163

MÁS ATENTADOS, MÁS VÍCTIMAS MORTALES 175

RESPUESTAS Y REPRESALIAS 185

ANEXO 191

Hitzaurrea
Berrogeita hamar urte

· Josu Urrutikoetxea ·

HERRI BATEN HISTORIAN berrogeita hamar urte ez da gauza handirik, baina iragan zaigun mende erdi honen sokak arrasto sakona utzi du gure ibilbidean. Eta soka horren puntari so eginez, Lauaxetaren «Dena eman behar jako maite den askatasunari» esaldiarekin bat egiten genuen utopikoen belaunaldietakoak, asko, era batera edo bestera, bidean gelditu direla ohartzen gara. Garestia izanik ere, merezi izan duelakoan nago, askatasunak ez baitu preziorik.

Argi badaude ere gure borroka prozesuan eman ditugun aitzinamenduak, gaurko errealitate gordinak parekotasunak erakusten dizkigu testuinguru bereziko 1975 harekin. Orduan, frankismoan, bagenekien urte luzeetako iluntasunetik ateratzear ginela, eta bazen nolabaiteko itxaropena. Egun, piztia faxistak bizirik eta osasuntsu dirau; alde batetik, haustura demokratiko ezari eta 78ko erregimenari esker eta, beste batetik, munduan zehar aldeko haizeak dituelako eta behar den bezala aurre egiten ez zaiolako.

Garai hartan Erakundea berreraikitze prozesuan zegoen, zatiketa batetik baitzetorren, eta Euskal Nazio Askapenerako Mugimendua azkartze prozesuan zebilen. Diktadorea hilik ez bazen ere, ihesean zeuden ezker abertzaleko emakume eta gizonak, besteak beste, argi-ilunez betetako etorkizunari begirako bere hautuak egiten hasiak ziren.

Gaur egun, ezker abertzalea, ataka latzak gainditu ondoren, ditugun erronka mardulei erantzuteko bidean ageri zaigu, eraiki beharko genukeen etxearen oinarriak sendotuz, horiek baitira berme bakarra dabiltzan haize ilunek altxatzen ari garena bota ez dezaten.

Duela mende erdi, espainiar estatuko indar politiko gehienak frankismoarekin apurtzearen alde agertzen baziren ere, laster ohartu ginen beren interesak defenditzeko azpijokoaz, diktaduraren sostengu izandako indar oligarkikoak Europari begira mozorrotzen ziren bitartean. Gaur egun, «mundu zibilizatutako» agintariek, demokraziaren izenean, gerra hotsak hedatzen dituzte, eskuin muturrari jokoa eginez.

Hiru urte lehenago, Carrero Blanco almirantea izan zen estrategia hori sustatzeko behar zuten egituraren sortzailea. Estatu gizon «zintzo eta leial» horrek Francoren ondoko estatua babesteko sortu zuen egitura hori, apeta separatista edo iraultzaileetatik zaindu eta espainiar espiritu nazionala zuzen mantentzeko asmoarekin. Estatu bat non dena «Atado y bien atado» geldituko zen, hain zuzen.

1975ko urte hartarako, almiranteak sortutako makina ongi olioztatuta zuten, estatuko herritarren gehiengoak arnasa libre hartzeko zuen gogoa mugatu edo desbideratzeko prest. Are gehiago Euskal Herrian, ezker abertzaleak zuen gaitasuna eta grina suntsitzeko helburuarekin.

Aitzina doan XXI. mendean eta mundua paradigmaz aldatzen dagoen honetan, frankismoa azkarki presente dago, izan botere judizial, mediatiko, eklesiastiko, ekonomiko, militar edo politikoan. Zaharrak berri!

«Gerra zikin» gisa ezaguna den estrategia hori estatuek disidentzia eta matxinada ororen aurka borrokatzeko erabiltzen duten tresna bat zen eta da. Beraz, estatuen egituren barne dago eta, interes jakin batzuk defenditzeko estatuek hartzen dituzten erabaki politikoen arabera funtzionatzen du.

Garaiko atentatu haiek, gehienak euskal iheslari komunitatearen aurkakoak, helburu jakin batzuk zituzten. Noski gure komunitatea izutzeko eginak zirela, baina, baita ere, Ipar Euskal Herriko herritarrek gurekiko garatutako elkartasun kateak ahultzeko, sendotzen zihoan proiektu politiko bat zangotrabatzeko eta, bide batez, frantziar administrazioa iheslarien aurkako neurriak hartzera mugiarazteko.

Azpimarratzekoa da azken horrek euskal iheslarien aurka izandako jarrera erasokorra, iheslariak urrundu, kanporatu eta kartzelatuz,

Erakundearen sorrera-sorreratik. Horrez gain, salatzekoa da hamarkadetan frantziar gobernu desberdinek espainiar gobernuekin izandako harreman estua. Gobernu horiek azkar ahaztu zuten Bigarren Mundu Gerra bukatu ondoren De Gaulle jeneralak esandakoa: «Frantziak sekula ez du ahaztuko euskal herritarrok gure lurraldea askatzeko egin duzuena!».

Gobernu arteko kolaborazio horiek batzuetan zeharkakoak izan baziren ere –gerra osteko makiei buruzko informazioak pasatuz, «gerra hotzaren» garaian Franco komunismoaren aurkako harresi gisa aintzakotzat hartuz, horrek suposatzen zuenarekin, edo eta interes ekonomikoak jokoan zeudenean kolaboratuz, energia nuklearraren garapenerako elkarlana lekuko–, beste askotan, frantziar poliziek edo funtzionarioek pasa zieten zuzen-zuzenean guri buruzko informazioa espainolei.

Garai hartan, itxaropentsu ginen, tinko eta konfiantzaz heltzen genien egiteko genuen bide luzerako behar genituen borroka tresnei. Ordutik hona estatuek bortizkeria eta basakeria erabiltzen segitu duten arren, hartu dugun bide berriarekin itxaropentsu gaude, herriari eta bereziki belaunaldi berriei konfiantza eginez eta ausardiaz arituz, gelditzen zaigun bide zatia egiteko gai izango baikara.

Egiteke dugunari so, memoria eta transmisioa garatu behar dugulakoan nago, borroka tresnak izateaz gain, demokraziaren oinarriak ere badirelako.

Prólogo
Cincuenta años

· Josu Urrutikoetxea ·

CINCUENTA AÑOS DE HISTORIA de un pueblo no es gran cosa. Sin embargo, el último medio siglo ha traído cola en nuestro recorrido. Y, si prestamos atención al extremo de ese hilo, nos damos cuenta de que muchos de los utópicos de la generación que hicimos nuestro aquel «¡Hay que darlo todo por la libertad!» se han quedado por el camino de una manera u otra. Y por caro que nos saliera, creo que ha merecido, pues la libertad no tiene precio.

Aunque son claros los avances que hemos realizado en el proceso de lucha, la cruda realidad actual nos enseña similitudes con aquel extraño contexto de 1975. Por aquel entonces, durante el franquismo, sabíamos que estábamos saliendo de años de oscuridad. Había cierta esperanza. Hoy en día, la bestia fascista sigue viva gracias, por un lado, a la no ruptura democrática y al régimen del 78, y, por otro lado, a que tiene el viento a su favor mundialmente y no se le hace frente como es debido.

En aquella época, la Organización estaba en proceso de reconstrucción, pues venía de una escisión, y el Movimiento de Liberación Nacional Vasco se aceleraba. Aunque el dictador estuviera muerto, los hombres y mujeres exiliados de la izquierda aberzale, entre otros, habían comenzado a hacer su elección ante un futuro lleno de claroscuros.

Hoy en día, la izquierda abertzale, tras haber superado grandes aprietos, se encuentra en vías de dar respuesta a los enormes desafíos que se nos presentan, y reforzando los cimientos de la casa que deberíamos construir. Porque esas bases son la única garantía para que los oscuros vientos que nos azotan no derriben lo que estamos construyendo.

Hace medio siglo, aunque la mayoría de las fuerzas políticas del Estado español se postularan a favor de romper con el franquismo, pronto nos dimos cuenta de sus artimañas para defender sus intereses. Las fuerzas oligárquicas que habían apoyado la dictadura vistieron sus galas de cara a Europa. Hoy en día, los dirigentes del «mundo civilizado» hacen sonar los tambores de guerra, en nombre de la democracia, mientras le hacen el juego a la ultraderecha.

Tres años antes, necesitaron de la figura del almirante Carrero Blanco, impulsor de aquella estrategia. Aquel hombre de Estado «honesto y leal» fue quien creó la estructura que defendería el Estado tras la muerte de Franco, con el objetivo de defenderse de las inclinaciones separatistas o revolucionarias y mantener firme el espíritu nacional. Un Estado, donde todo estuviera, precisamente, «atado y bien atado».

Para aquel año 1975, la maquinaria que había creado el almirante ya estaba bien engrasada y preparada para limitar y desviar las ganas que tenía el pueblo de respirar libremente. Más preparada aún en Euskal Herria, con el objetivo de exterminar las capacidades e inquietudes de la izquierda abertzale.

En este siglo XXI que avanza, y en este mundo que cambia de paradigma, el franquismo está más que presente en el poder judicial, mediático, eclesiástico, económico, militar o político. ¡Sin novedades!

La estrategia conocida como «guerra sucia» fue y es una herramienta empleada por los estados para luchar contra toda disidencia y rebelión. Así pues, es parte de las estructuras de los estados, y, responde a ciertos intereses de los estados ante las decisiones políticas que estos toman.

Los atentados de la época, la mayoría contra los y las refugiadas vascas, tenían objetivos claros. Claro que surgieron para amedrentar a nuestra comunidad, pero también buscaban debilitar los lazos de solidaridad creados con Ipar Euskal Herria, entorpecer un proyecto político que se fortalecía y, de paso, movilizar a la administración francesa para que tomara medidas contra los y las refugiadas.

Cabe destacar que esta última tuvo una postura agresiva contra las y los refugiados vascos desde la creación de la Organización: alejamientos, expulsiones y encarcelamientos. Asimismo, es denunciable la estrecha relación que han mantenido durante décadas los diferentes gobiernos franceses y españoles. Esos gobiernos pronto olvidaron lo que dijo el general De Gaulle tras la Segunda Guerra Mundial: «¡Francia nunca olvidará los esfuerzos que los vascos hicieron para liberar nuestro territorio!».

Aunque esas colaboraciones hubieran sido a veces indirectas –tráfico de información sobre los maquis; tomar a Franco como barrera para frenar el comunismo durante la «Guerra Fría», con lo que eso suponía; o colaborar cuando había intereses económicos, como en el caso de la cooperación para desarrollar la energía nuclear–, en otras ocasiones, fueron los policías o funcionarios franceses quienes pasaron la información sobre nosotros directamente a los españoles.

En aquella época teníamos esperanza, abordábamos con firmeza y confianza las herramientas de lucha para el largo trayecto que teníamos por delante. Y, aunque desde entonces, los estados han seguido empleando la violencia y la brutalidad, la nueva senda que hemos tomado nos da esperanza. Confiamos en el pueblo y, sobre todo, en las nuevas generaciones, que, valientemente, nos llevarán a terminar el camino emprendido. Porque seremos capaces de hacerlo.

Si miramos al trabajo que tenemos por delante, creo que debemos desarrollar memoria y transmisión, que además de ser herramientas para la lucha, también son la base de la democracia.

(Texto traducido en la editorial)

Introducción

EL BVE (BATALLÓN VASCO ESPAÑOL) fue la más habitual de un conjunto de siglas que formaron parte de una estrategia contrainsurgente diseñada por el Gobierno español y que hicieron efectiva, cientos de agentes policiales, confidentes, militantes de extrema derecha –tanto hispanos como extranjeros–, espías, miembros de formaciones franquistas e incluso algunos clérigos de sotana. Actuaron en Euskal Herria, los estados español y francés y en Venezuela, y utilizaron armas cortas, cócteles molotov y en especial explosivos. Realizaron seiscientos atentados en Euskal Herria o contra ciudadanos vascos entre 1975 y 1983, intentaron magnicidios y fueron los causantes de al menos cuarenta muertos, trece más que los GAL (Grupos Antiterroristas de Liberación, 1983-1987). Sus primeros atentados tuvieron lugar a partir de 1975, y en octubre de 1983, cuando los GAL secuestraron a Josean Lasa y Joxi Zabala, aún reivindicaban acciones de sabotaje.

El BVE ejerció atentados indiscriminados, con intención de causar decenas de víctimas, en lugares concurridos, particularmente en bares y restaurantes, la mayoría en Bizkaia y Gipuzkoa. En el bar Aldana de Alonsotegi (Bizkaia) provocaron cuatro muertos y numerosos heridos y en la guardería Iturrama de Bilbo, tres muertos. Entre sus objetivos estuvieron propiedades particulares de miembros significativos de la oposición franquista, militantes y familiares de ETA, abogados, organizaciones solidarias con los presos, librerías, etc. Lo más novedoso en su currículo fue la utilización por vez primera desde la Segunda Guerra Mundial de bombas-lapa, colocadas con artilugios adosados al movimiento de las ruedas y que explosionaban por control remoto, vibración o movimiento. Estos ingenios (*limpet bomb*) habían sido ya usados especialmente en barcos, tanto por las tropas nazis como por las aliadas, en el conflicto mundial. Aún en 1985 los servicios secretos franceses las utilizaron para explosionar el barco de Greenpeace en Nueva Zelanda. La novedad residió en que de los barcos pasaron a ser usadas en vehículos; la primera ocasión, en Europa, en junio de 1975, en atentado en Biarritz (Larpudi) contra el refugiado Josu Urrutikoetxea y su familia[1].

También ejecutaron e intentaron secuestros de refugiados vascos, tres de los cuales aún están por resolver: el de Eduardo Moreno Bergaretxe (1976), el de Tomás Hernández (1979) y el de José Miguel Etxeberria, *Naparra* (1980). Fracasaron en los intentos de secuestrar a Maite Amilibia, Maite Lasa, Arantxa Sasiain, Yolanda Alkorta... Revindicaron asimismo violaciones sistemáticas en diversas localidades de las capitales vascas, y especialmente en el corredor de Orereta e Irun (Gipuzkoa), donde durante dos años (1979-1980) tuvieron atemo-

1. Es falso el hecho que cita la herramienta de inteligencia artificial ChatGPT de que el primer atentado con bomba lapa en Europa se atribuyó en ETA en Pasaia en 1983. Ocho años antes había sucedido el paramilitar de Biarritz.

rizadas a las mujeres. Dos de las víctimas, Mari José Bravo y Ana Tere Berrueta, fueron muertas por sus violadores.

El sello y la marca BVE probablemente fueron diseñados en sede militar, tal y como sucedió con los GAL, para aglutinar a una serie de grupos autónomos que reivindicaron sus acciones con nombres diversos, como Triple A (Alianza Apostólica Anticomunista, en similitud con su homónima argentina), ATE (Antiterrorismo ETA), ANE (Acción Nacional Española) y GAE (Grupos Armados Españoles)[2]. Su actividad estuvo avalada por los ministros del Interior de la época en que mantuvieron su actividad: Manuel Fraga (hasta diciembre de 1975), Adolfo Suárez (hasta junio de 1975), Rodolfo Martín Villa (hasta junio de 1977), Landelino Lavilla (hasta noviembre de 1978), Antonio Ibáñez Freire (hasta abril de 1979), Juan José Rosón (hasta febrero de 1981) y José Barrionuevo, que compaginó el fin del BVE y su transformación en los GAL. Los ministros avalaron

---

2. En 1986 surgió otro grupo llamado GANE (Grupo Antiterrorista Nacional Español).

la impunidad de sus activistas, tanto policiales como parapoliciales, y con excepción de unas detenciones en Gipuzkoa en 1981, la mayoría de los atentados quedaron impunes. Tuvieron la complicidad del Gobierno francés, que entregó fichas policiales sobre los refugiados que vivían en Euskal Herria a los mercenarios que cumplían los atentados.

La actividad paramilitar española había comenzado con el Proceso de Burgos (1970) en el que fueron juzgados militantes de ETA a los que se impusieron penas de muerte, luego conmutadas. Fueron los primeros grupos organizados que, en general, firmaron sus acciones –agresiones, palizas, actos con cócteles molotov y armas– con el nombre de «Guerrilleros de Cristo Rey». Eran miembros de Falange y policías a los que más tarde su sumaron militantes de Fuerza Nueva, una tendencia fascista, convertida en partido durante la Transición.

Con la muerte en atentado de ETA de Luis Carrero Blanco (1973), los grupos dispersos tuvieron ya una estructura organizada desde los aparatos del Estado, en particular desde sus servicios secretos, el SECED (Servicio Central de

Documentación). Aun así, diversos colectivos continuaron ejerciendo autónomamente, no solo en Euskal Herria, sino también en los estados español y francés. En este último, aún subsistía una estructura semiclandestina formada por miembros de la OAS (Organization de l'Armée Secrète), que se había opuesto a la independencia de Argelia, y con una extensa plantilla de refugiados en la costa mediterránea española, apoyados por el régimen de Franco.

También se refugiaban en el Estado español mercenarios de la PIBE (Policía Internacional y de Defensa del Estado), policía secreta portuguesa que había huido desde la Revolución de los Claveles (1974); neofascistas italianos, perseguidos por la justicia italiana tras los atentados indiscriminados cometidos en su país; y miembros de los escuadrones de la muerte argentinos, la llamada Triple A, apoyada desde el exterior por la logia italiana P2 y la CIA. Todos ellos fueron los primeros contratados para actuar en nombre del BVE o de sus franquicias. En la llamada Operación Reconquista (1976) en Montejurra, con el asalto a la tendencia carlista mayoritaria que había creado el partido EKA (Euskal Herriko Karlista Alderdia), de corte progresista y autogestionario, los mercenarios contratados ofrecieron una fotografía completa personal y de su procedencia. Tras organizarse con dirigentes del régimen franquista, subieron a Montejurra y mataron a dos jóvenes.

Para los defensores de la activación de la «guerra sucia» la experiencia internacional fue un punto de referencia. Ramón Rubial, presidente del PSOE, afirmó: «Hay una manera de liquidar a ETA: lo que hizo Francia con la OAS, una organización de gran fuerza y con la que estaban comprometidas altas personalidades del país». Su compañero en la dirección socialista, Enrique Múgica Herzog, propuso combatir a ETA en Ipar Euskal Herria a través de la Legión, como lo había hecho el Estado español en el Sahara.

El cerebro inicial de la actividad paramilitar fue el coronel José Ignacio San Martín, jefe supremo del SECED. Diseñó dos estructuras, al margen de su actividad natural de los servicios secretos: una parapolicial y la otra paramilitar. Esta ordenación fue la que dio lugar a una actividad perfectamente dirigida en el Estado francés, con un objetivo definido, los refugiados vascos, y otra más autónoma, en la que participarían decenas de grupos, algunos inconexos, formados por policías y guardias civiles. De ahí quedó el dicho popular: «De día uniformados, de noche incontrolados».

En cuatro años hubo sesenta muertos, algunos de ellos imputados al BVE o grupos afines, pero otros a «descuidos policiales». Esta estrategia se implementó con la captación de infiltrados, tanto para recabar información como para preparar emboscadas. Fue por ejemplo el caso de José Luis Arrondo *Coco Liso,* que organizó, junto al comisario Roberto Conesa, una emboscada en la que murieron dos militantes vascos en la Playa de los Frailes de Hondarribia (1974). Arrondo sería luego captador de miembros para el BVE, en particular Ignacio Iturbide y Ladislao Zabala, que sembraron el terror en el llamado Triángulo de la Muerte (Andoain-Hernani-Astigarraga-Urnieta).

En 1977 se produjo un cambio notorio con la toma de posesión de Manuel Ballesteros en la Brigada Central de Información, en sustitución de Conesa. Antonio González Pacheco, *Billy el Niño,* se convirtió en su brazo derecho y puente con los mercenarios. Simultáneamente, Andrés Cassinello sería nombrado responsable del SECED. Coordinaron estrategias, convirtiendo la época entre 1977 y 1981 en la más letal en la historia del BVE. Y sus hombres más activos serían varios exmiembros de la OAS como Jean-Pierre Chérid y los hermanos Perret, Clement y Gilbert. Recibieron el apoyo del Estado español y se movieron con documentación falsa aportada desde sus servicios secretos. En Gipuzkoa, el comando de Zabala, Iturbide y Rogelio González Medrano fue el más activo, mientras que en Bizkaia sus activistas estarían ligados al cuartel de la Guardia Civil que dirigía el capitán Manuel Hidalgo en Gernika y a militantes de corte fascista.

El contexto

LA LLAMADA GUERRA SUCIA, el terrorismo de Estado, hay que ubicarlo en un periodo convulso, el de la década de 1970, donde nuevas generaciones de jóvenes que no habían conocido la guerra civil, aunque sí sus efectos, pugnaron por abrir espacios políticos frente a la dictadura. En ese contexto, llegó un momento en el que el régimen tuvo que introducir bajo la alfombra lo que hasta entonces hacía a cara descubierta. La razón era obvia, buscaba su legitimación internacional para el periodo transitorio que se abriría a la muerte de Franco. Había logrado, a pesar de muchos reparos, su entrada en Naciones Unidas y el reconocimiento de su soporte en la Guerra Fría, EEUU; ahora se preparaba a ingresar en los espacios políticos europeos y necesitaba de la certificación del resto de estados.

Frente a esa nueva generación, las élites dominantes, particularmente los estamentos militar y policial, que habían sido los soportes primeros del régimen, se revelaron, creando estructuras paralelas para atacar a la disidencia. Al mismo tiempo, buscaban generar un sistema de terror para que, como había sucedido en Italia con la pujanza del Partido Comunista, llegado el momento de abrir el sistema electoral, los votantes eligieran opciones moderadas que se alejaran de las «radicales», aquellas que decían combatir los valedores de la Transición. O, lo que era lo mismo, que, frente a la propuesta de la oposición que planteaba una ruptura democrática con el régimen, la sociedad no viera otra salida que aceptar la vía reformista que el propio sistema ofrecía.

La traslación de todos los aparatos de la dictadura al régimen de monarquía parlamentaria fue general. Y esa fue precisamente la dicotomía. El sector que no aceptó la reforma siguió siendo objetivo paramilitar y, obviamente, del nuevo Estado. Así continuarían las torturas en comisarías y cuarteles, las ejecuciones extrajudiciales, las detenciones masivas y, por otro lado, la actividad paralela, con el paradigma de la creación del BVE y de los GAL, ya en la década de 1980. Pero todo esto estaba destinado únicamente al sector que apostaba por la ruptura democrática. Al margen de la guerra sucia, la actividad policial provocó también acontecimientos trágicos. La intervención de las fuerzas policiales causando víctimas mortales fue la más alta de la segunda mitad del siglo XX. Desde la represión y ejecuciones posteriores a la guerra civil, no habían sucedido episodios de semejante magnitud represiva. En esa época, por ejemplo, la Policía mató a cinco obreros en Gasteiz en 1976, reventó, también a tiros, los sanfermines de 1978, y provocó siete muertes en la Semana Pro Amnistía de mayo de 1977.

Es falso que el objetivo de la actividad paramilitar entre 1975 y 1980 fuera exclusivamente ETA. La organización armada vasca y su entorno fueron, sin duda, uno de los objetivos. Probablemente el más sofisticado, por aquello de que las acciones se dirigieron contra quienes supuestamente dirigían su actividad, refugiados en Ipar Euskal Herria. Pero también es cierto que cientos de atentados estuvieron dirigidos contra personas y sus bienes que no simpatizaban precisamente con ETA. Como ejemplo, en Madrid, en enero de 1977, un comando ultra entró en un despacho de abogados laboralistas que defendían a militantes del PCE y de CCOO, y mató a cinco personas. En París, en octubre de 1975, ATE –que en su acrónimo incluía a ETA–, voló por los aires la editorial Ruedo Ibérico, que había editado libros de todo el arco opositor a Franco. En su reivindicación, ATE amenazó de muerte a «todos los exiliados españoles», incluidos los que llevaban ya décadas en el Estado francés, desde el fin de la guerra civil. También en París y en ese año, ATE volvió a volar la sede del Gobierno Vasco de la calle Singer, en un intento de magnicidio, porque en ella trabajaban el lehendakari Jesús María Leizaola y el antiguo ministro republicano de Justicia, Manuel Irujo. En ese mismo año, en Galdakao (Bizkaia), intentaron secuestrar a otro abogado laboralista, Periko Ibarra. Atentaron también contra el monasterio benedictino de Estibalitz (Araba), la iglesia Kamiñaspi de Ondarroa (Bizkaia), el Centro Jesús Obrero de Gasteiz, contra emisoras de radio, sedes del PNV, grupos folclóricos, culturales... En noviembre de 1976, las Agrupaciones de Editores y Libreros vascos emitieron un comunicado contabilizando 92 atentados a librerías.

Con el paso del tiempo, las acciones de ese periodo se justificaron en la llamada razón de Estado. Como si la monarquía parlamentaria que llegaba se tuviera que defender de dos «supuestos extremos». Acogiéndose a la «razón de Estado», aquellos dirigentes responsables de la guerra sucia se reintegraron en el naciente sistema y recibieron el reconocimiento de la nueva elite política. Con inmunidad, y con una gratitud histórica. Adolfo Suárez fue nombrado doctor honoris causa por varias universidades e incluso en 1996 recibió el premio Príncipe de Asturias de la Concordia, cuando durante su época como ministro del Movimiento y presidente del Estado español se produjo la mayor actividad del terrorismo estatal. Rodolfo Martín Villa, ministro del Interior en aquella época y buscado por la justicia internacional por una querella en Argentina por crímenes de lesa humanidad en el Estado español en el periodo que nos ocupa, fue empresario de alto rango, presidente de un banco, así como de empresas energéticas y comunicativas. Antonio Pacheco, *Billy el Niño,* que estuvo señalado por torturas y dirección de grupos en la guerra sucia, fue acogido en grandes empresas privadas, entre ellas Renault.

La razón de Estado parte de una concepción negativa de la naturaleza humana, del no reconocimiento de la alteridad y, asimismo, de la supuesta falta de madurez de las sociedades modernas que deben ser dirigidas hacia objetivos casi metafísicos. Europa tuvo un campo de pruebas descomunal, durante el colonialismo y la supremacía religiosa, una esfera que aún se reproduce hasta nuestros días. El Estado necesita, a partir de esas premisas, mantener su vigencia, crecer, ser fuerte ante las disidencias. En consecuencia, y aunque la expresión sea manida, el fin justifica los medios. La justificación de un «bien» supranacional, suprasocial e, incluso, racial. El Holocausto sería su versión extrema.

Así se consolidó un modelo de represión política que, aunque con sello propio, formaba parte de una estrategia global de contrainsurgencia que ya se aplicaba en otros rincones del mundo.

La escuela internacional

LA ESTRATEGIA PARAMILITAR de los grupos impulsados por el Estado español, y en cierta medida también por el francés, no fue un producto autóctono, sino más bien una repetición de proyectos que ya habían sido testados en otros escenarios del planeta, algunos de ellos cercanos. Uno de los focos fue el llamado Proceso de Reorganización Nacional (PRN) argentino, puesto en marcha de 1976 a 1983, que incluyó secuestros, torturas, ejecuciones extrajudiciales y desapariciones forzadas. Militares españoles visitaron Buenos Aires y sus homónimos se desplazaron a Madrid para contrastar métodos. Estas técnicas provenían de la Doctrina de Seguridad Nacional, elaborada con diversos gobiernos por EEUU, que se extendió al continente americano con el llamado Plan Cóndor, una campaña de represión política y terrorismo de Estado, oficialmente en vigor desde noviembre de 1975 y aplicada en Argentina, Bolivia, Chile, Brasil, Paraguay y Uruguay.

Aunque la guerra sucia había sido exportada a todo el mundo por EEUU, el Estado francés, Israel y las dictaduras latinoamericanas, fueron los franceses quienes desarrollaron inicialmente esta variante de lucha «antisubversiva». El coronel Roger Trinquier y el general Paul Aussaresses, ambos franceses, a partir de sus experiencias contrainsurgentes en Indochina y Argelia, teorizaron ampliamente sobre técnicas de guerra sucia (represión en zonas urbanas, allanamientos, fichaje, extorsión, tortura, desaparición), las mismas que posteriormente aplicaron precisamente en Latinoamérica, iniciando en Argentina tras el golpe militar. Andrés Cassinello, referencia de la guerra sucia española en los últimos cincuenta años y padre del Plan Zen (1982), predecesor de los GAL, hizo su formación, especializada en métodos de contrainsurgencia, en Fort Bragg (Carolina del Norte, EEUU).

Hubo decenas de métodos similares al español: Operación Mandrake en Bolivia, Operación Popeye en Laos, Operación Revuelta en Panamá, Plan Camelot y Operación Patria y Libertad en Chile, Plan Lasso en Ecuador y Colombia, Plan de Aldeas Estratégicas en Vietnam, Operación 20 y Operación Rosa Blanca en Cuba, Plan Colonia en Perú, Alianza Anticomunista en Argentina, Operación Tonton Macouts en Haití, Escuadrón de la Muerte en Brasil, Operación Mono en Nicaragua, Operación Gato en Venezuela, Halcones en México, Operación Guerreros Blancos en El Salvador, Operación Causa Justa en Panamá... En todos los casos, se recurrió a la razón de Estado como justificación para superar los límites del Estado democrático.

Por eso, aquella llamada guerra sucia era sinónimo de terrorismo de Estado, entendiéndolo de una manera integral. La contrainsurgencia o el contraterrorismo no fue una lucha centrada en lo militar únicamente, sino una lucha global que repartía sus operaciones en lo político, en lo económico, en lo religioso, en lo ideológico y en lo cultural, con el fin de eliminar a la disidencia o, por utilizar términos bélicos, a la subversión. Tal y como destacó el general Andrés Cassinello en sus variadas aportaciones, entre ellas el citado Plan Zen. O su homónimo, el francés Roger Trinquier, que con su tratado de la «Guerra Moderna» (*Moderne Warfare*) se convirtió en un clásico. Trinquier propuso acciones militares, pero también psicológicas, educativas, políticas... haciendo una especial mención a la «necesidad» de la tortura. Las aplicó al pie de la letra en Argelia, y el Estado español se nutrió de aquellas experiencias en lo ideológico (con los planes Udaberri y Zen) y en lo militar (reclutando mercenarios de la OAS para sus escuadrones de la muerte, BVE y GAL).

Esta red de aprendizajes cruzados entre estados abrió el camino para que la guerra sucia se materializara también en el Estado español, con nombres propios, planes detallados y acciones concretas.

Los antecedentes

EN DICIEMBRE DE 1970, un grupo de Guerrilleros de Cristo Rey asaltó el domicilio de dos sacerdotes destinados en la parroquia de Ondarroa (Bizkaia), Emiliano Iturraran y Jesús Garitaonandia, y dos mujeres, Carmen Gallastegi y Nati Burgoa, y los golpearon con las pistolas y con cadenas. Formaban parte de una nueva generación de curas, muy jóvenes, que no habían conocido la guerra. Un año después, quemaron el vehículo de Juan Mari Bandrés, abogado defensor en Burgos, y de varios vecinos de Donostia, uno de ellos con bomba. En 1973 fue destruido nuevamente el vehículo de Bandrés, esta vez con explosivos, al igual que la taberna Iruñazarra de la capital navarra. También con explosivos fue atacada la sociedad Kresala de

Donostia. En 1974 de nuevo fueron atacadas con bombas varias propiedades de vecinos de Donostia, así como el coche del abogado Maurice Abeberry, en Biarritz. En Oñati (Gipuzkoa), y en una misma noche, fueron colocados seis artefactos, de los que cuatro estallaron, uno de ellos en el colegio de los Agustinos; entre los que fallaron, uno estaba preparado en el campo de futbol del Aloña Mendi.

Los aparatos de Estado crearon dos proyectos para planificar la estrategia paramilitar. El primero, el Plan Udaberri, se trataba de una operación dirigida por el comandante Eduardo Fuentes Gómez de Salazar, para formar una estructura clandestina paralela que se ocupara del «problema vasco», en 1969. En sus propias palabras: «La cuestión vasca ha adquirido una seria envergadura aunque ofrece perspectivas suficientemente optimistas. El Gobierno dispone de sobrados medios para, conjuntándolos, eliminar una subversión que se encuentra en las primeras fases de desarrollo. La rebelión, pese a todo, puede resultar peligrosa si no se adoptan urgentes medidas». El proyecto citaba tres escenarios de «peligro»: ETA, el Partido Comunista y las CCOO, así como la pujanza del movimiento de sacerdotes contestatarios. Precisamente estos fueron los objetivos principales de los Guerrilleros de Cristo Rey y posteriormente del BVE y sus otras firmas.

El Plan Udaberri ya contemplaba la actividad paramilitar en Ipar Euskal Herria: «Estudiar la creación de un núcleo inicial reducido de elementos adiestrados específicamente en esta lucha subversiva, y prepararlos para la eliminación de los focos de ETA utilizando incluso medios clandestinos: infiltración, penetraciones, captaciones, etc. Estudiar acciones limitadas en la zona del país vecino, si la importancia del objetivo o de la repercusión de la acción así lo aconseje».

Una de las novedades del plan consistía en el uso de la propaganda negra o de falsa bandera. Los medios adictos, la mayoría en la época –por no decir la totalidad–, debían aportar su empuje en esa dirección; esa idea fue repetida machaconamente. La propaganda negra, sin embargo, era un término nuevo en el franquismo. El texto redactado por Fuentes decía textualmente: «Actuación de los medios propios de propaganda negra (utilizando la forma de difusión comunista, de ETA y de otros núcleos subversivos), encaminada a sembrar la confusión y división entre los focos subversivos. Por ejemplo, difusión de la propaganda comunista antirracial y contraria a las organizaciones vascas que se difundió hace algún tiempo, dándole actualidad». Continuaba así: «Sobre medios predominantemente neutros, intensa acción informativa de todos los medios de difusión, abiertos y clandestinos, dando amplia publicidad a las facetas positivas de la actuación del Gobierno, resaltando el carácter de delincuentes comunes de los activistas, así como su peligrosidad social y desmontando los principales argumentos separatistas».

El segundo de los proyectos, más que un plan era una operación encubierta, un escenario para albergar a secuestrados, un centro de tortura y desaparición al estilo latinoamericano. Los servicios secretos españoles le llamaron Operación Pancorbo. Fue filtrado al comienzo de la década de 1990, cuando el PSOE comenzó a ser señalado por su implicación y organización en los GAL. Según quienes filtraron los detalles, la operación comenzó a fraguarse en los últimos meses del mandato de Manuel Fraga, en 1976, aunque sin resultados prácticos. Hay motivos para pensar que las cosas fueron de otra manera.

El objetivo principal de la Operación Pancorbo estuvo dirigido a establecer en una vivienda, en esa misma localidad burgalesa, fronteriza de Euskal Herria; un chupadero, en el argot, un lugar para interrogar a los activistas vascos secuestrados. Según José Antonio Sáenz de Santa María, entonces director de la Guardia Civil, la orden provino de Manuel Fraga, en la época ministro de Gobernación (Interior), después de que ETApm secuestrara y ejecutara al industrial Ángel Berazadi. El modelo era el mismo que se puso en marcha en Argentina desde el golpe de Estado producido en esas misma fechas: centros de detención clandestinos para torturar y hacer desaparecer a los opositores, en el caso argentino, de forma masiva. El proyecto de Pancorbo contó con el visto bueno de Víctor Castro (director general de Seguridad), de los servicios secretos y del propio Fraga. Los problemas comenzaron al confeccionarse la lista negra, es decir los que iban a ser secuestrados y detenidos en la vivienda adquirida al efecto: Fraga se negó a secuestrar a mujeres. De hecho, los intentos de secuestro que hubo en Ipar Euskal Herria, al margen de los que aún continúan por resolver, fueron realizados contra mujeres refugiadas. Hubo indicios de su utilización, probablemente en el caso de un secuestro, pero la dimisión de Fraga abortó el desarrollo del proyecto.

Los atentados contra quienes huían de la detención y la tortura empezaron en Ipar Euskal Herria en 1975, año y medio después de la muerte de Carrero Blanco, a través de acciones tanto con bombas como con armas cortas. El primer atentado tuvo lugar el 23 de abril de 1975 y el objetivo fue la librería Mugalde de Hendaia (Lapurdi). Por las apariencias, la Policía española dirigió sus primeros objetivos contra todos aquellos que habían aparecido en el sumario de la muerte de Carrero Blanco. Unos meses después, el 15 de noviembre de 1975, Txomin Iturbe sufrió heridas graves –y sus dos hijos, leves– al estallar la bomba colocada bajo su coche, en Baiona. Al año siguiente, el 21 de marzo de 1976, Feli Ziluaga, compañera de Tomás Pérez Revilla, resultó gravemente herida cuando un comando de sicarios disparó en Donibane Lohizune (Lapurdi) contra el coche en el que viajaba en compañía de su pareja y su hijo.

Con todo este dispositivo en marcha, los BVE fueron la evolución natural de una estructura parapolicial ya operativa, que tendría en Ipar Euskal Herria su primer y más crudo escenario.

Primer atentado con explosivos a un refugiado

LA ACTIVIDAD CONTRA LOS REFUGIADOS en Ipar Euskal Herria tuvo como punto de partida el estado de excepción que declaró Madrid para los territorios de Bizkaia y Gipuzkoa, a finales de abril de 1975. Las redes parapoliciales comenzaron a operar con mayor intensidad a partir de la declaración de dicha excepcionalidad. Con una novedad: a partir del atentado contra Josu Urrutikoetxea y su familia en junio, los policías que hasta entonces habían actuado contra la comunidad de refugiados fueron sustituidos por mercenarios de la OAS. ATE se presentó a través de un comunicado de prensa enviado en junio de 1975 y en el que reivindicaba los atentados cometidos hasta entonces. Más adelante, el nombre utilizado sería el de BVE.

La red que había comenzado a tejer el SECED se había forjado lentamente, y necesitaba de fondos económicos para su extensión. Estos llegarían desde las arcas del Estado. Para vengar la muerte del almirante Carrero Blanco, José Ignacio San Martín, director del SECED, echaría mano de los hombres de la Marina española adscritos a su servicio de inteligencia, y en especial del capitán Pedro Martínez como reclutador de mercenarios. Según declaraciones propias, André Noel Chérid, hermano de Jean Pierre Chérid, el mercenario de mayor actividad tanto en el BVE como en los GAL, fue quien hizo de puente entre la policía española y el reclutamiento de mercenarios de la OAS para actuar en Ipar Euskal Herria.

La ofensiva tuvo su apoyo mediático e institucional. La salida la había marcado el consejero nacional Julio García Ibáñez, con un encendido discurso en las Cortes españolas: «Los españoles piensan y creen que ha llegado el momento de decir basta ya, fuera complacencias, aceptar el desafío terrorista, emprender una represión más dura, emplear el sistema de la violencia, diente por diente, ojo por ojo, hasta el total exterminio y aniquilamiento de estas organizaciones criminales y antiespañolas».

No era una postura aislada. Previamente, el comisario José Sainz ya había señalado en 1974: «Si no le matamos aquí, le mataremos en Francia». En Bilbo, el viceministro de Gobernación, Luis Peralta España, había afirmado: «Al terrorismo hay que combatirlo con sus propias armas y seguirlo hasta sus guaridas en el sur de Francia». El diario madrileño *El Alcázar* editorializaba en términos similares: «Si en forma inmediata no se tomasen medidas contra los criminales que en Francia encuentran refugio y protección, sería llegada la hora de responder en igual lenguaje, aunque no sea por aplicar aquel viejo adagio de que *amor con amor se paga.* ¿Acaso resulta técnicamente tan difícil cruzar la frontera en sentido contrario y ejecutar *in situ* a quienes programan con impunidad culpable sus acciones terroristas en España? ¿A qué se espera para tomar esa decisión? ¿Acaso faltan especialistas? ¿O es un problema de *estímulos*?».

En ese clima, en 1975 hubo veinte atentados contra refugiados en Ipar Euskal Herria. También contra iconos del exilio español, como la bomba colocada en París contra la sede del Comité de Información y Solidaridad con España (CEMSE), de carácter antifascista. El diario inglés *The Guardian* señalaría al respecto: «Desde que Mussolini envió asesinos a sueldo a Marsella para asesinar a los hermanos Roselli, ningún otro dictador [en referencia a Franco] había mostrado tal espíritu de venganza».

El 24 de mayo, el policía Sebastián Gallega, junto a un expreso común excarcelado bajo la condición de sumarse a los grupos parapoliciales, entró en el bar Mingo de Donibane Lohizune para disparar contra varios refugiados. Sin embargo, el preso excarcelado se negó a disparar; se escapó poco después de la vigilancia del policía y contactó con medios abertzales. Al día siguiente varios refugiados intentaron arrestar a Gallega en Baiona, pero no lo consiguieron, tras un forcejeo en el que el policía español resultó herido. Fue ingresado en un hospital, a pesar de que un procurador de la capital labortana cursó una orden de detención y de que en su coche se encontraron armas, documentos y una lista de refugiados.

Según la revista *Enbata*, Gallega sería conducido en el coche de Mariano Baselga, cónsul general del Estado español en Baiona, hasta Irun. Horas antes, Michel Poniatowski, ministro del Interior francés, había llegado a Baiona, para impedir la intervención judicial y ordenar la puesta en libertad del policía detenido.

El 5 de junio, una bomba explotó en el vehículo de Josu Urrutikoetxea, refugiado vasco que habitaba en Biarritz junto a su familia. Se trataría de la primera bomba bajo un vehículo utilizada en el conflicto vasco destinada a estallar al arrancarlo. Urrutikoetxea pidió prestado el vehículo a Mikel Mugiro para asistir al médico con su pareja y sus dos hijos, dado que la pequeña, recién nacida, debía ir al pediatra. Sin embargo, el artefacto explotó cuando los mercenarios lo estaban preparando. La explosión mató a uno de sus autores y causó graves heridas a otro de ellos.

Mientras se conocía la identidad del muerto, Marcel Cardona Amorós, exmiembro de la OAS, la policía francesa detenía a otro integrante del comando parapolicial, David Williams, con identidad falsa. En el juicio celebrado en

1976, salió a relucir la verdadera: Juan Manuel Márquez, de la PIDE portuguesa. El detenido confirmó a la Justicia gala que habían sido contratados por el comandante del Ejército español Julio Conde y el capitán de la Guardia Civil Cándido Acedo. En el juicio, Dominique Pulidori, el tercer miembro del comando, fue condenado a muerte en rebeldía. En 1981 Pulidori se entregó a la Policía y, en esta ocasión, tras la revisión del caso, fue condenado a cinco años de prisión.

Las conexiones institucionales del comando quedaron aún más en evidencia cuando se reveló que los miembros del comando mercenario hicieron varias llamadas telefónicas desde el hotel President de Donibane Lohizune donde se alojaban, tanto al domicilio particular de Cándido Acedo como al palacio de La Zarzuela, sede del entonces príncipe Juan Carlos Borbón y en cuya vigilancia trabajaba el capitán de la Guardia Civil. Años más tarde, cuando Miguel Sánchez salió en libertad, se presentó en la Dirección General de la Benemérita en Madrid para reclamar los ocho millones de pesetas acordados por el atentado.

El atentado contra Josu Urrutikoetxea marcó un punto de inflexión, ya que fue el primero en el que se utilizó una bomba lapa, y también el primero dirigido contra un refugiado. Además, el hecho de que en el momento del ataque Urrutikoetxea se encontrara con su pareja y sus hijos lo hizo especialmente indiscriminado.

Otro incidente reseñable se produjo el 8 de septiembre de 1975, cuando varios inspectores españoles dispararon contra dos refugiados vascos en la cima del monte Larrun, en la muga entre Nafarroa Garaia y Lapurdi. Los policías españoles, tras efectuar numerosos disparos, detuvieron a José Zubillaga y lo trasladaron a territorio bajo administración española. El compañero de Zubillaga, Lázaro Arandia, resultó herido, pero a pesar de ello consiguió escapar hasta la localidad lapurtarra de Azkaine, donde fue interrogado por la gendarmería. Habían llegado a Larrun debido a un topo que, junto a la Policía, preparó la emboscada, Patxi Rosado Jiménez.

Los atentados en Ipar Euskal Herria y París provocaron una ola de solidaridad y denuncia.

Un extenso grupo de artistas e intelectuales de gran renombre del Estado francés, Italia, Holanda, Bélgica, EEUU, Inglaterra, Suiza y Alemania publicaron en el diario *Le Monde* un artículo en el que apunaban: «Esta escalada de violencia por parte de la extrema derecha en el territorio francés está directamente relacionada con la recrudescencia de la represión del Gobierno español que, mediante elementos teledirigidos, intenta llevar al Estado francés la guerra que sostiene ya en España. Nos solidarizamos con las víctimas de la lucha antifascista y pedimos al Gobierno francés que se tomen medidas inmediatas para acabar con las actuaciones de los fascistas –españoles o franceses– que ponen en peligro la seguridad de las personas y el ejercicio de las libertades más fundamentales»[3].

---

3. Entre los firmantes se encontraban Juan Andrade (escritor), Simone de Beauvoir (escritora), Jean Cassou (escritor), Julio Cortázar (escritor), Gaston Defferre (diputado), Max Gallo (escritor), Agustín García Calvo (profesor), Costa Gavras (cineasta), Moncho Goicoechea (periodista), Juan Goytisolo (escritor), Gisèle Halimi (abogada), Paco Ibáñez (cantante), Manuel Irujo (ministro del Gobierno

Estos primeros atentados no solo marcaron el inicio de una estrategia coordinada de violencia parapolicial en Ipar Euskal Herria, sino que anticiparon la consolidación del BVE como brazo operativo de una guerra sucia que apenas comenzaba.

Vasco en el exilio), Franchita Maspero (editora), André Méric (vicepresidente del Senado), Jean-Paul Sartre (escritor), Fernando Valera (presidente del Gobierno de la República en el exilio), Vázquez de Sola (dibujante), Pierre Vilar (profesor), J. P. Chevènement (diputado), Ian Gibson (escritor), Salvador Giner (profesor), Paul Preston (profesor), Hugh Thomas (escritor), Ernest Mandel (filósofo), Noam Chomsky (filósofo), Gabriel Jackson (profesor), Norman Mailer (escritor), James Petras (profesor), Nicolás Sánchez Albornoz (profesor), María Zambrano (escritora), Alberto Moravia (escritor), Rafael Alberti (escritor)...

Pertur: una desaparición sin respuesta

PROBABLEMENTE SU CASO fue uno de los más controvertidos, porque hubo una presión mediática que acometió cambiar el relato e imputar a ETA su autoría, como en otras ocasiones en las que los aparatos del Estado intentaron confundir a la opinión pública Eduardo Moreno Bergaretxe, *Pertur*, fue víctima del BVE tras un secuestro. En ese mismo período los intentos de secuestro en Ipar Euskal Herria llegaron a la decena; en tres de ellos lograron su objetivo.

Eduardo Moreno Bergaretxe era natural de Donostia, donde nació en octubre de 1950. Tenía 25 años en el momento de su desaparición. Gafas y barba reciente y 1,72 metros de estatura. Había cruzado la muga para refugiarse en Ipar Euskal Herria en septiembre de 1972, tras la muerte a manos de la Guardia Civil de Josean Aranguren, *Iharra,* en Urdazubi (Nafarroa).

Las razones para que Pertur fuera objetivo pudieron responder a dos hipótesis. La primera de ellas es política y simbólica: Pertur era el autor de la mayoría de los escritos de ETA, en especial de las reivindicaciones del atentado que costó la vida al presidente franquista español, Luis Carrero Blanco. Por tanto, como más tarde sucedería en el caso de Argala, se trataba de una venganza por la muerte del almirante. El SECED había decidido «eliminar» a todos aquellos que hubieran participado en la que ETA llamó «Operación Ogro». La segunda de las hipótesis era operativa. Pertur había negociado, junto a Sabin Atxalandabaso, la estancia de comandos de la organización armada en Argelia, para recibir cursillos militares; apenas unas semanas antes había retornado de Argel. El Gobierno español desconocía los detalles y los nombres de las decenas de militantes que habían viajado a Argelia a recibir entrenamiento en la escuela militar de Souma, y ambos, Pertur y Atxalandabaso, recibieron el mismo día notas para sendas citas. Pertur asistió, y desapreció. Atxalandabaso, en cambio, hizo caso omiso.

Pero la elección de Pertur como objetivo venía de antes. En noviembre de 1975 fue atacada con dos granadas y luego ametrallada la casa de sus padres. A comienzos de abril de 1976, Marta Bergaretxe, su madre, fue raptada por la Policía y estuvo secuestrada tres días en un domicilio de Eduardo López Maturana, comisario jefe de Irun. En abril de 1976, Europa Press anunció que había fracasado un intento de secuestro de Pertur por parte de un grupo parapolicial; tres días antes habían sido secuestrados por ETApm dos policías españoles en Hendaia. Europa Press es explícita: el secuestro de Pertur se había organizado para canjearlo por los dos policías, en mayo de 1976. *La Voz de España* abrió su edición diciendo que «mercenarios» recibirían «10 millones de euros por matar a etarras. Los dos principales objetivos: Pertur y Apalategi». En junio, la vivienda de Pertur fue ametrallada de nuevo. En noviembre, grupos paramilitares atacaron con cócteles molotov la librería Ekain de Donostia, propiedad de Marta, su hermana.

Pertur recibió la notificación de la cita a las 08:30 de la mañana en su domicilio del barrio Urdazubi de Donibane Lohizune el 23 de julio de 1976. Dos compañeros le trasladaron a Behobia, a unos doscientos metros de la muga, en el cruce con la carretera de Hendaia donde había un coche de la CRS (Compagnie Républicaine de Sécurité). La primera impresión fue que Pertur había sido detenido por la Policía francesa. A la mañana siguiente, el abogado Miguel Castells se dirigió a la comisaría de Donibane Lohizune y, después de varias horas de espera, la Policía le comunicó que no estaba detenido. La familia intentó cruzar la muga el mismo día de su desaparición, pero fue rechazada por la Policía española.

El día 25 de julio, a las 22:15, la Triple A reivindicó el secuestro en una llamada telefónica a la agencia Cifra de Barcelona: «Somos un grupo guerrillero entrenado militarmente con el objetivo de contener el terrorismo internacional marxista apoyado por la KGB».

Tras las reivindicaciones, las prohibiciones a la familia a cruzar la muga y la dureza de la Policía en las manifestaciones para que se aclarase la desaparición, la opinión generalizada fue la de que Pertur había sido secuestrado. Tras la constatación de que no estaba detenido, por la tarde del 24 de julio, ETApm publicaba el primer comunicado: «En el mediodía de ayer, 23 de julio de 1976, ha desaparecido, en la localidad de Behobia (Euskadi Norte), el militante de ETA Eduardo María Moreno Bergaretxe, Pertur. Tras las primeras indagaciones, con nulo resultado, y las primeras gestiones ante la policía francesa, podemos afirmar con plena seguridad que Pertur ha sido secuestrado por terroristas al servicio de la policía española, en territorio francés».

A finales de julio, una semana después de la desaparición, ETApm divulgó otros dos comunicados. En el primero de ellos, afirmaba que «los autores de este acto criminal son agentes del aparato represivo fascista español y no supuestas e incontroladas bandas». En el segundo, añade dos nuevos elementos: la impunidad de los grupos paramilitares y la complicidad en el secuestro de Pertur del «gobierno demócrata francés».

Finalmente, el 30 de julio, el periódico *El Correo Español-El Pueblo Vasco* publicó un comunicado recibido y firmado por el BVE, Comando Guesala: «Eduardo Moreno Bergareche Pertur ha sido ejecutado y enterrado en un pueblo de Navarra. No será el último. Ojo por ojo. Viva la Unidad de España». El matasellos de la carta estaba fechado el día 28 en Bilbo. En los meses siguientes aparecieron algunas reivindicaciones con el nombre ATE (Antiterrorismo ETA).

La tesis sobre su secuestro por venganza tuvo anclaje en la frase de Manuel Fraga, ministro de Gobernación (Interior) entre 1975 y 1976: «Si quieren guerra la tendrán», frase que se vio acrecentada por la puesta en marcha de lo que los servicios españoles llamaron Operación Pancorbo, ya citada. Esta tesis tenía también la referencia de una carta recibida por Marta, la hermana de Pertur, con fecha del 15 de noviembre de 1976 y firmada por el «Sexto Comando Adolfo Hitler de Orden Nuevo»: «Primero vas a retirar todos los libros marxistas y separatistas que tienes en la librería. Después, como sabemos que eres una etarra, te vas a marchar de España en el plazo de una semana. Si no quieres obedecer lo mandado, primero la librería sufrirá un atentando y segundo te haremos desaparecer como hicimos con tu hermano y te coseremos a balazos, antes de que tu cuerpo se pudra olvidado en un lugar fuera de Euskalerria como el de Pertur».

A instancias del abogado Castells, se abrió una comisión de investigación, en la que fueron entrevistados todos y cada uno de los compañeros que habían estado con Pertur en los días previos a su desaparición. De aquella investigación salieron conclusiones y una versión más detallada.

A finales de septiembre de 1976, ETApm dio luz a un comunicado, dando su versión de lo sucedido. Señalaban que en la mañana del secuestro de Pertur tres inspectores de la BPS de Donostia, identificados como Ferreiros, López Arribas y Escudero, habían sido vistos en las inmediaciones de Behobia en un coche Seat 850 de color blanco. Parroquianos de los bares de la localidad fronteriza declararían que «clientes no habituales llamaron la atención a altas horas de la noche: podrían ser policías o miembros de alguna organización de extrema derecha». Años después, el policía José Amedo, condenado por su participación en los GAL, confirmó en sus memorias esta tesis, aunque apuntando otros nombres.

En 2007, Ángel Amigo, antiguo polimili y autor asimismo del libro *Pertur.* ETA *71-76* (Hordago) –secuestrado en su primera edición por orden gubernativa–, presentó el documental *El año de todos los demonios*, sobre la desaparición de Pertur, centrado en la pista de los neofascistas italianos que trabajaban para los servicios españoles. Según testimonios recogidos por jueces italianos en 1984, significados neofascistas como Della Chiae, Pierluigi Concutelli, Augusto Cauchi o Sergio Calore actuaron contra ETA en 1976 en diversos atentados. Entre ellos, el secuestro de un refugiado vasco (nunca apareció específicamente el nombre de Pertur) al que narcotizaron y trasladaron a Catalunya. Concutelli habría entregado a Pertur a los grupos que trabajaban para la policía española, que se encargarían de interrogarle y hacerle desaparecer.

En mayo de 2008, con la base documental de los datos aportados por Ángel Amigo, el juez Andreu abrió sumario en la Audiencia

Nacional sobre la desaparición de Pertur. El 25 de marzo de 2009, Sergio Calore declaró en Roma, asumiendo la autoría de una desaparición. También lo hizo por esas fechas Angelo Izzo, que añadió que Pertur (siempre sin mencionar su nombre, sino el de un «vasco») estuvo detenido en una masía catalana. El 6 de octubre de 2010, Sergio Calore apareció degollado a la puerta de su casa; aparentemente, sin relación con las declaraciones sobre Pertur. Calore, arrepentido y colaborador policial, había ofrecido abundante información a los servicios italianos sobre la camorra y los grupos neofascistas. Ahí concluyó la pista italiana.

En 2008, el juez Fernando Andreu citó a declarar al expolicía Eduardo López Maturana, que tuvo secuestrada en su casa a Marta Bergaretxe, la madre de Pertur. En su declaración alegó apenas recordar nada y dijo que la retención de la madre fue para «protegerla». López Maturana había sido puente entre la Policía franquista y la «democrática»: destacado en la embajada de París, creó una red de chivatos con los que recogía información de los grupos comunistas y anarquistas. Tras la desaparición de Pertur fue destinado a Baleares. En 2012, el juez cerró el caso, «sin aclarar quién lo mató», según la prensa.

En abril de 2019, en investigaciones sobre la guerra civil, la Sociedad de Ciencias Aranzadi levantó en extramuros del cementerio de Ameyugo, localidad vecina de Pancorbo (Burgos) el cadáver de un joven que, hechas las comprobaciones, coincidía sorprendentemente con Pertur. El cuerpo, además, tenía signos de tortura y había recibido dos tiros en el cráneo. Dos fuentes habían apuntado años atrás que, en aquella llamada Operación Pancorbo, Pertur habría sido detenido durante varios días, y luego muerto y enterrado en Ameyugo. Sin embargo, hechas las comprobaciones de ADN pertinentes, se confirmó que el cadáver no correspondía al de Pertur.

Montejurra como laboratorio

EL 9 DE MAYO DE 1976, los sectores más reaccionarios del Estado español, junto a numerosos mercenarios italianos, argentinos, franceses y portugueses, confluyeron en la tradicional y anual subida carlista a Montejurra (Nafarroa), con un triple objetivo: impedir la presencia de Carlos Hugo, pretendiente al trono cuya línea dinástica estaba en disputa con la oficial borbónica desde el siglo XIX; provocar una masacre que desestabilizara políticamente el momento; y engrasar la maquinaria del terrorismo de Estado bajo las siglas ya existentes, AAA, ATE O BVE.

Los ataques de los mercenarios provocaron dos muertos. El primero, Aniano Jiménez Santos, fue abatido en Iratxe, y su muerte quedó recogida por varios fotógrafos. El segundo, Ricardo García Pellejero, cayó cerca de la cumbre de Montejurra, al recibir el impacto de una ráfaga de metralleta. La primera herida fue Maritxu Olazaran, de Iruñea, acuchillada; el resto fueron heridos de bala: Ferran Lucas-Zaragoza, Maritxu Olazaran Aristu, Mariano Zufia Sanz, Jesús Erce Lizarraga, Amalia López Olarte, Angel Cuadrado Sánchez, Antonio Castellanos Muñoz, Rafael Petrina Ciriza, Miguel Angel Apesteguia Ganuza... Hubo únicamente tres imputados: un comandante retirado, de nombre José Luis Marín García-Verde –retratado por los fotógrafos mientras disparaba mortalmente a Aniano Jiménez–, José Arturo Márquez de Prado y Francisco Carrera.

El trabajo de los fotógrafos permitió identificar a neofascistas italianos y ultras españoles, lo que agrandó el escándalo que dejó al descubierto la inhibición y complicidad del ministro de Gobernación, Manuel Fraga. Aunque se abrió un proceso judicial, el TOP (Tribunal de Orden Público) se enmarañó en las competencias hasta que al final las diligencias fueron sobreseídas con la aplicación del decreto de amnistía de 1977. El sumario 1847/76 desapareció de los archivos judiciales. Aun así, en 2003, el Ministerio del Interior indemnizó a las familias de los fallecidos, reconociéndolas como víctimas del terrorismo. Fue el SECED, los servicios secretos, el que preparó la que llamó «Operación Reconquista». Ángel Campano, director general de la Guardia Civil, y su segundo, Salvador Bujanda, coordinaron la operación.

La matanza fue presentada como un choque entre dos facciones del carlismo, la oficial, encarnada por EKA y Carlos Hugo, y la tradicional, por Sixto Borbón, que apoyaba la designación de Juan Carlos coronado rey del Estado español meses antes, a la muerte del dictador Franco. Pero la realidad fue que los seguidores de Sixto apenas accedieron a Montejurra: la mayoría de su séquito fueron policías y mercenarios, mientras que miles de carlistas de la rama de Carlos Hugo celebraron su tradicional romería.

A pesar de la desaparición del sumario de los hechos, la información sobre cómo se fraguó la encerrona está al día de hoy ampliamente documentada, gracias sobre todo al *Libro Negro de Montejurra*, elaborado por EKA y prohibido en su día por el Estado español, a la investigación de Juan Alberto Belloc –que luego llegó a ser ministro del Interior–, y a la abundancia de reporteros gráficos que dejaron plasmadas sus instantáneas. En 2023, Manuel Martorell publicó el artículo «Documentos secretos de la Operación Reconquista».

Según el testimonio del entonces jefe del Estado Mayor de la Guardia Civil, José Antonio Sáenz de Santa María, la Operación Reconquista se gestó en el propio despacho del director general del cuerpo, Ángel Campano López, con el apoyo de su subdirector, el general Salvador Bujanda. La iniciativa contaba con el apoyo del presidente del Gobierno español, Carlos Arias Navarro, del ministro de Gobernación, Manuel Fraga Iribarne, y del director del SECED, Juan Valverde Díaz. Buena parte de la coordinación de la misma corrió a cargo del gobernador civil de Nafarroa, José Ruiz de Gordoa, y del alcalde de Lizarra, Julio Ros. La financiación de la operación, según la comisión de investigación, corrió a cargo del presidente del Consejo de

Estado, Antonio María Oriol y Urquijo, del presidente de la Diputación de Gipuzkoa, Juan María de Araluce Villar, que entregó parte de la comisión por su gestión en la venta de la Red Telefónica de Donostia a la Compañía Telefónica Nacional, y de la Secretaría General del Movimiento.

De la Operación Reconquista quedaron varias lecciones para el Gobierno de Arias Navarro. Una de ellas fue la necesidad de acotar los grupos de mercenarios y hacerlos clandestinos. Por las campas de Montejurra desfilaron, al menos, los italianos Stefano delle Chiaie, Giuseppe Calzona, Mauro Tedeschi, Augusto Cauchi, Mario Leti, Elio Massagrande, Salvatore Francia, Mario Pelegrini, Marco Pozzan, Francesco Zaffoni, Pier Luigi Concutelli, Loris Gatelli y Pietro Benvenuto; los argentinos Emilio Berra *El Chacal*, José Vicente Labia, Adolfo Lauro, Alberto Molinas, Juan Ramón Morales y Rodolfo Eduardo Almirón, y los franceses Jean Pierre Chérid y Henry Corau, entre otros. Algunos ya trabajaban para el BVE. La mayoría aparecería en las listas de mercenarios imputados en otros atentados. Uno de los presentes,

Roberto Eduardo Almirón, era un policía argentino, miembro de la Triple A, refugiado en el Estado español. Durante cuatro años fue jefe de la seguridad de Manuel Fraga. También fue instructor de los escoltas de Felipe González. Detenido en Valencia en 2006, fue extraditado a Argentina, donde murió en prisión en 2009.

Montejurra fue algo más que un episodio aislado: funcionó como una prueba para las estrategias del terrorismo de Estado que vendrían después.

Los Etxabe: una familia en el punto de mira

LA FAMILIA ETXABE OROBENGOA fue una de las más castigadas por las fuerzas parapoliciales. Varios de sus miembros, antiguos militantes o simples familiares, sufrieron una cadena de atentados, seguimientos y agresiones desde mediados de la década de 1960 hasta 1980.

Uno de los hermanos, Juan José Etxabe, *Handixe,* había militado en ETA durante la década de 1960 y principios de la de 1970, lo que lo colocó en el radar de los servicios de inteligencia. Aunque abandonó la organización, siguió siendo considerado un enemigo a abatir. Ya en octubre de 1965, su hermano Goio Etxabe fue detenido y trasladado a un bosque por una treintena de guardias civiles de Arrasate (Gipuzkoa) para que revelara su paradero.

La campaña de ataques contra la familia continuó en 1975. En mayo, un potente explosivo deflagró en el restaurante Etxabe Enea del alto de Kanpazar (Elorrio, Bizkaia), regentado por uno de sus hermanos, Iñaki. Un mes después, una bomba hacía explosión en el restaurante Udalaitz de Baiona, propiedad de Jokin Etxabe. Los autores fueron Annie Billard y François Chabessier, y este último fue detenido al día siguiente. En su declaración ante el juez, François Chabessier, exmiembro de la OAS, afirmó que obedecía órdenes de un antiguo militar español, quien le había facilitado explosivos y dinero. También relató que los mercenarios utilizaban la mitad de un billete de cien pesetas como contraseña para cruzar los puestos fronterizos españoles. En 1977, Chabessier fue absuelto por un tribunal francés.

Los atentados no cesaron. El 27 de julio de ese año, hubo un nuevo atentado contra el restaurante Etxabe Enea de Kanpazar: ametrallamiento y bomba incendiaria. En octubre, el vehículo de Juan José quedó totalmente calcinado tras otro ataque, esta vez en Donibane

Lohizune. Al día siguiente, mataron a Iñaki Etxabe en su propio restaurante.

Sobre la media noche, tres individuos con la cabeza tapada con pasamontañas y fuertemente armados entraron en el establecimiento, obligaron a tirarse al suelo a los ocho clientes que se hallaban en el lugar y les rociaron con un spray. A continuación, los autores del crimen se acercaron a Koldo Etxabe, que atendía el mostrador y que, al ver las intenciones de los asaltantes, se encerró en el trastero y atracó la puerta. Los individuos golpearon la misma y, al oír el ruido, se asomó a la estancia Iñaki Etxabe, quien, al ver a los pistoleros, intentó huir hacia la cocina. En ese momento le dispararon por la espalda varias ráfagas de metralleta que le ocasionaron la muerte. Realizaron al menos dieciocho disparos. Al huir dispararon nuevas ráfagas de metralleta sobre la fachada del edificio.

El atentado fue reivindicado por el BVE y se considera la primera víctima mortal de la primera generación del terrorismo de Estado. El juzgado de Durango abrió el sumario y lo derivó al TOP. Cuando la familia pidió acceder al expediente para realizar la tramitación para que Iñaki fuera considerado víctima del terrorismo, la Audiencia Nacional se lo denegó. En 2013, el Ministerio del Interior español también lo negó.

En las vísperas del ataque a Etxabe Enea, un comando de ETA había matado a tres guardias civiles que habían acudido al santuario de Arantzazu (Oñati, Gipuzkoa) a retirar una ikurriña, lo que fue indicio para suponer que la muerte de Iñaki Etxabe fue una venganza. Los indicios aumentaron cuando una semana más tarde el taxista German Agirre Irasuegi apareció muerto en las cercanías del cuartel de la Guardia Civil de Legutio (Araba) con tres orificios de bala en la nuca. La Guardia Civil sospechaba que Agirre era un correo de ETA, por sus numerosos viajes a Ipar Euskal Herria. El encargado de la investigación fue el guardia civil Antonio Tejero, que protagonizaría el golpe de Estado del 23 de febrero de 1981. En 1975 era teniente coronel, jefe de la guarnición de Gasteiz. No hubo reivindicación. El Gobierno Vasco imputó a la «extrema derecha» la muerte de Agirre, mientras que COVITE se lo atribuyó a ETA.

Tres años más tarde, el 2 de julio de 1978, los hermanos Perret, Gilbert y Clement, junto a Joseph Zurita, ametrallaron el coche de Juan José Etxabe, que se disponía a desplazarse a Irun con su esposa Agurtzane Arregi. Como consecuencia de los disparos falleció Agurtzane, y Juan José resultó herido de gravedad. Arregi recibió dieciséis impactos de bala y Etxabe otros once. El atentado fue asumido por la Triple A, que declaró: «Hemos elegido la persona de Echave (no Etxabe) [sic] porque fue un activo militante de ETA y en la actualidad seguía colaborando con dicha organización marxista-separatista. Asimismo, advertimos que continuarán nuestras acciones en las Vascongadas y País Vasco-francés contra elementos activos, encubridores, organizaciones paralelas (Asociaciones de Vecinos, Gestoras pro Amnistía, etc.) del separatismo vasco». La revista *Interviú* desveló que el atentado fue preparado por Pedro Hermosilla, subdirector de la Guardia Civil.

Paradójicamente, la justicia gala dejó en libertad a Zurita en 1980, mientras detenía a Juanjo Etxabe por estancia irregular en Ipar

Euskal Herria, lo que provocó la séptima huelga de hambre del refugiado desde que abandonó su localidad natal, Arrasate, en la década de 1960. Etxabe militaba en ese momento en el partido ESB. Zurita volvió a ser detenido en la frontera suiza ese mismo año, acusado de tráfico de drogas, pero el juez lo dejó en libertad.

Como en otras ocasiones, el Estado difundió una ceremonia de confusión, con el objetivo de denigrar la figura de Etxabe y señalar que el atentado había sido una especie de ajuste de cuentas entre distintas familias del hampa. La policía francesa encontró al día siguiente el coche usado por los autores, en los que apreció una metralleta –una Mat, utilizada habitualmente por la gendarmería– y dos revólveres. El atentado contra ambos tuvo como trastienda el intento de negociaciones del Gobierno con ETA. Los emisarios del ministro Martin Villa intentaron contactar con ETA a través de Juan José Etxabe. ETA se negó en lo que consideró una trampa.

Venganza por la Operación Ogro

POR LA SIGNIFICACIÓN DE LA VÍCTIMA y por la participación directa de miembros del Ejército español en el atentado, la muerte de José Miguel Beñaran, *Argala*, se convirtió en el paradigma de la actividad del BVE y sus franquicias, así como en un ejemplo claro de la impunidad de los aparatos del Estado implicados en el terrorismo en aquella época. Durante años, los mandos militares que dirigieron el operativo alardearon de su crimen, contaron detalles del mismo –algunos ciertos otros falsos–, y presumieron de la efectividad de sus métodos, desvelando incluso la identidad de los sicarios que ejecutaron la acción. Ningún juez hizo caso a sus declaraciones, a pesar de que el atentado fue cometido más de un año después de la promulgación de la Ley de Amnistía.

El conocimiento de que José Miguel Beñaran era el objetivo más codiciado para el Estado tuvo sus prolegómenos. El propio Argala era consciente de ello, y extremaba las medias de seguridad, cambiándose de aspecto continuamente y restringiendo sus salidas de la vivienda en la que habitaba. Rodolfo Martín Villa, ministro del Interior, preguntado unos días antes sobre ETA, respondió: «Espero que en los próximos días haya noticias mucho más favorables en relación con este tema». Por su parte, Txiki Benegas (PSOE) habría informado a responsables de KAS (Koordinadora Abertzale Sozialista) de que, según sus contactos con el Ministerio del Interior, era probable que se produjeran atentados contra refugiados vascos en Ipar Euskal Herria. Argala residía en un apartamento en Angelu (Lapurdi) junto a su esposa Axun Arana. Días antes del atentado había aparecido en la entrada del piso una nota escrita a mano que decía: «Condhenado [sic] a muerte».

En las entrevistas concedidas por los militares que ordenaron el atentado, señalaron que estaba preparado para el 20 de diciembre –aniversario de la muerte de Carrero Blanco, atentado en el que participó Argala– pero que Beñaran no salió de casa porque se encontraba enfermo. Pero esa afirmación era falsa ya que, precisamente, Argala y Axun en esa fecha se desplazaron a la vivienda de Javier Larreategi, *Atxulo*, para celebrar el quinto aniversario del tiranicidio. Ambos, Atxulo y Argala, fueron dos de los tres miembros del comando que participó en aquella operación. En la mañana del 21 de diciembre, justo cuando Argala iba a mover el coche, antes de llevar a Axun a la ikastola donde trabajaba, la bomba explotó. El atentado fue reivindicado por el BVE.

Como en otras ocasiones, las primeras versiones oficiales de la prensa hispana apuntaron a un ajuste de cuentas, a una pelea larvada entre ETAm y ETApm. Incluso *El País* llegó a editorializar: «La hipótesis de que la muerte de Argala es un ajuste de cuentas dentro de ETA no puede ser descartada, pero tampoco debe ser elevada a la condición de única explicación posible». Más de 25 años después, quienes prepararon el operativo comenzaron a dar su versión. Según sus testimonios, en la preparación del magnicidio tomaron parte siete militares españoles y tres mercenarios. Del grupo de militares, tres pertenecían a la Armada; uno de ellos era miembro del SECED, otro, el capitán de navío Juan Manuel Rivera Urruti, que integraba el Servicio de Inteligencia Naval, y el tercero estaba adscrito al Alto Estado Mayor. Además, formaban parte del grupo dos miembros del Ejército de Tierra y un capitán de la Guardia Civil experto en explosivos. Los tres mercenarios ejecutores fueron Jean Pierre Chérid, José María Boccardo Alemán y Mario Ricci. Los tres habían coincidido previamente en la matanza de Montejurra, en 1976. La cúpula de los servicios de información españoles estaba dirigida entonces por el comisario Roberto Conesa, jefe de la Brigada de Información de la Policía, el general Andrés Cassinello, jefe de los servicios de información de la Guardia Civil, y el general de brigada José María Bourgon, director del CESID, que sustituía al SECED.

El reconocimiento de Argala no llegó únicamente desde la izquierda abertzale, que realizó manifestaciones y actos, la mayoría reprimidos. En su funeral en Arrigorriaga (Bizkaia), los agentes de la Guardia Civil se cuadraron ante el paso del féretro. Xabier Arzalluz, en nombre del PNV, apuntó que «quienes entregan la vida por su pueblo merecen nuestra admiración y respeto, aunque reconozcamos todo cuanto nos separa de sus modos de actuación. Argala era un hombre entregado a una causa que también es la nuestra y, por lo tanto, hombres como él son parte de nosotros». Unos días antes de su muerte, José Miguel Beñaran había grabado una entrevista a jóvenes de su localidad natal, en la que afirmó: «Yo sé, por experiencia, que a los militantes de ETA no les gusta la violencia. Me conocéis un poco a mí, por lo menos algunos, sabéis cómo era cuando vivía ahí, y sabéis que tampoco me gustaba. Esta misma es la situación de todos los militantes de ETA, pero se ven obligados a luchar».

El triángulo de la muerte

ENTRE 1979 Y 1981, el territorio comprendido entre Andoain, Urnieta, Hernani y Astigarraga (Gipuzkoa) se convirtió en escenario habitual de atentados del BVE. En ese triángulo, el grupo parapolicial cometió numerosos ataques, y ocasionó la muerte de al menos siete personas.

Sus autores materiales fueron Ladislao Zabala e Ignacio Iturbide, que fueron condenados a 231 años en un único juicio. Actuaron con la complicidad de Rogelio González Medrano, que arrepentido, desveló la estructura del BVE en Gipuzkoa y Bizkaia. Pero las diligencias de su declaración no fueron tomadas en cuenta durante el juicio, desaparecieron, y Medrano quedó en libertad sin cargos. Antes ya había sido arrestado, en febrero de 1977, por amenazas epistolares a diversas personas. También quedó en libertad. Lo sorprendente de la lista de nombres aportada por Medrano es que coincidía casi exactamente con la que manejaba el Ministerio del Interior español tras el golpe de Estado de 1981, pero que apenas la hizo efectiva con detenciones. A modo de ejemplo, de los cientos de atentados cometidos por el BVE y siglas franquicia desde 1975 –en los que se produjeron cuarenta víctimas mortales–, en 1985 únicamente Zabala e Iturbide cumplían prisión en el Estado español.

La lista de Medrano detallaba la estructura de Gipuzkoa, cuya coordinación la llevaba en Madrid César Esquivias. En el territorio guipuzcoano aparecían viejos conocidos de la Policía que habían eludido prisión: Esteban Munilla, Pedro Marcet, Jesús Arrondo, Ignacio Arteaga, Romeo Yonte, Juan Elicegui y Juanco Vázquez. Iturbide habría sido precisamente el nexo de unión con los grupos que habían operado en Bizkaia, ya que trabajó anteriormente en Zornotza (Bizkaia) como policía municipal, donde tomó contacto con el capitán Manuel Hidalgo, comandante del puesto de la Guardia Civil de Gernika (Bizkaia). De Bizkaia llegarían, según su confesión, los contactos con el SECED, los servicios secretos españoles.

Ladislao Zabala Solchaga, de una sólida familia del régimen franquista, ingresó en prisión el 13 de marzo de 1981, cuando la sociedad exigía castigo a los culpables del golpe de Estado ocurrido veinte días antes. Hijo único, nació en 1953, en Donostia, donde residiría los últimos años de su vida con Iturbide, en la calle Igentea, junto al entonces Gobierno Militar. Ignacio Iturbide Alkain, *Piti*, nació en 1949, en el seno de una respetada familia hernaniarra. En 1978, Iturbide fue condenado por haber incendiado la sede del PCE en Donostia y la del equipo de baloncesto Askatuak. Sus influencias le sacaron de prisión en cinco meses.

Cuando fueron detenidos, dos días después de la muerte de la última de sus víctimas, Francisco Javier Ansa, a punto estuvieron de salir en libertad provisional. Iturbide, además, llevaba más de cuatro meses en busca y captura, a causa de las denuncias populares. Hasta el Ayuntamiento de Donostia pidió a la Audiencia Nacional una investigación a Jesús Martínez Torres, el comisario policial de Gipuzkoa, por negligencia. El clamor popular –reforzado por informes elaborados por comisiones vecinales que ya señalaban sus nombres– evitó lo que ya parecía una puesta en libertad inminente. La familia de Ladislao aún tenía hilo directo con las altas esferas gubernamentales. En un segundo registro policial aparecieron las armas de sus acciones.

Jesús Martínez Torres, denunciado repetidamente por torturador, se apuntó el tanto de las detenciones. Poco más tarde, el PSOE, ya en el poder en Madrid, le ascendería a director general de la Brigada de Información. Iturbide y Zabala cumplieron diez años de prisión cada uno. Iturbide falleció en 2013 y Zabala en 2015.

La primera acción de Zabala e Iturbide fue en marzo de 1978, contra una panadería de Andoain a la que dispararon con un fusil que había pertenecido al abuelo de Ladislao, el general José Solchaga. Meses después, la rociaron de gasolina y le prendieron fuego. En marzo de 1979 quemaron los vehículos de los hermanos José y Javier Zubillaga, también en Andoain, y en mayo de ese mismo año se cobraron su primera víctima mortal en Urnieta, a la que secuestraron, interrogaron y mataron. Se trataba de José Ramón Ansa, de diecisiete años, y reivindicaron su muerte en nombre de la Triple A. Sería la única ocasión. Para el resto de atentados, reclamaron la paternidad del BVE.

En junio de ese año dispararon contra una vivienda en la que habitaban María Jesús Arín y José Manuel Ezenarro, y en agosto, contra la ikastola de Hernani. En septiembre mataron en Astigarraga a Tomás Alba, concejal de Herri Batasuna en Donostia. En abril de 1980 mataron en Hernani a Felipe Sagarna, *Zapa*, miembro de la txaranga Los Incansables. Minutos después de estos hechos, cuando varias personas se acercaron al lugar del crimen con la intención de recoger los casquillos en la zona, fueron amenazados por tres individuos de paisano, que llegaron a disparar al aire mientras les indicaban que se alejasen del lugar.

El 24 de septiembre de ese año se produjo un intento de atentado contra el alcalde de

Hernani, Juan José Uria, de Herri Batasuna. Un artefacto explosivo con cinco kilos de goma-2 fue colocado en los bajos de su coche sin que llegase a estallar por un fallo en el mecanismo de ignición. Ese mismo mes, en la misma localidad, las víctimas mortales fueron Miguel Arbelaiz y Luis Elizondo. En noviembre de 1980, en el cruce de Xoxoka, en la carretera de Urnieta a Andoain, mataron a Joaquín Antimasbere e hirieron de gravedad a Andrés Etxebarria. Ambos pertenecían a una conocida familia de etnia romaní, asentada en Hernani por varias generaciones. Se dedicaban al comercio de la chatarra y a esporádicos trabajos de albañilería.

Ya en febrero de 1981 volvieron a causar una víctima, Víctor Fernández Otxoa, que resultó gravemente herido en su bar Benta Berri de Hernani. Fernández tardó en sanar de sus heridas 251 días, pero de resultas del atentado sufrió importantes secuelas que le acompañaron el resto de su vida; entre ellas, síndrome medular transverso completo con gran invalidez irreversible. Como consecuencia de las secuelas contraídas, Fernández Otxoa fallecería el 23 de mayo de 1994 en Lezo (Gipuzkoa), su localidad natal.

El 3 de marzo de 1981 se cobraron su última víctima mortal, Francisco Javier Ansa Zinkunegi, de Andoain, que se encontraba esperando el autobús que le trasladaría a su empresa. Un hermano del fallecido era teniente de alcalde de Andoain por el PNV y la víctima era pariente lejano del primer muerto por el grupo parapolicial, José Ramón Ansa. El BVE reivindicó la acción con un final que decía «¡Viva Tejero!».

El sumario 91/80 del Juzgado Central de Instrucción n.º 2 reunió varios atentados imputados a los mismos autores. En la sentencia que les condenó, el 11 de junio de 1985, también fueron castigados Jesús Jiménez Cortázar, José Luis Jiménez Clavería y Benito Santos Medina, condenados a un año de prisión por tenencia ilícita de armas. El abogado que les defendió reconoció la autoría de los atentados y solicitó la absolución «por aplicación de la circunstancia eximente de responsabilidad de padecer miedo insuperable en el momento de los hechos, debido a la actuación de ETA». En el momento de la detención, tanto Martínez Torres como el entonces gobernador civil de Gipuzkoa, Pedro Aristegui, reconocieron en declaraciones a los medios que no se les había detenido antes por falta de pruebas.

Uno de los casos más manipulados fue el de Tomás Alba, militante de ESB, cuya muerte fue atribuida públicamente a ETA incluso después de la sentencia de 1985. El Ayuntamiento de Donostia esperó veinte años, hasta que en 2005 colocó una placa en recuerdo de Tomás Alba en la misma casa consistorial. Desde 2014 una plaza de Donostia lleva su nombre. Sin embargo, la asociación Basta Ya y el grupo Vocento, a través de su diario *ABC*, consideraron a Tomás Alba víctima de ETA. *El Mundo* escribió en 2008 que «Tomás Alba fue uno de los pesos fuertes del entramado político de ETA cuando se gestó la mayor ofensiva criminal de la historia del abertzalismo asesino», y que había sido «uno de los ideólogos de ETA».

La sombra alargada de la guerra de 1936

REFUGIADO DESDE EL FIN de la guerra civil, Tomás Hernández desapareció el 15 de mayo de 1979, tras ser secuestrado en Hendaia. Fue introducido en un vehículo cuando volvía a su residencia de verano de la localidad lapurtarra y su cuerpo jamás apareció. Únicamente la revista *Enbata* y el diario *El País* dieron noticia de los hechos. Su desaparición no tuvo reivindicación, pero todos los indicios apuntan a que sus secuestradores fueron los mismos que operaron en nombre de ATE y BVE en Ipar Euskal Herria.

Tomás Hernández nació en 1911 en Zaragoza. De niño se trasladó a Barcelona, donde creció junto a dos hermanos. Desde muy joven militó en la FAI, grupo anarquista, y cuando estalló la guerra se alistó en la Columna Durruti que salió de Barcelona con la intención de liberar Zaragoza, entonces en poder de los sublevados. Llegaron cerca de su objetivo, liderados por el mítico Buenaventura Durruti, y crearon el llamado Consejo de Aragón, un proyecto anarquista de gestión integral en medio de la guerra. Tomás fue de los primeros que regresó a Barcelona y estuvo destinado en un centro de detención irregular en la calle Diputación, antiguo seminario de la capital. Una checa a la que se le imputaron decenas de ejecuciones extrajudiciales.

Concluida la guerra se refugió en el Estado francés, donde colaboró con la resistencia. Tras el desembarco de Normandía salvó a una joven en Lisieux de ser capturada por los nazis que retrocedían ante el avance de las tropas aliadas. Se llamaba Inés Martínez Izaguirre, huida de Irun en agosto de 1937 y refugiada en Noyon, en el departamento de Oise. A partir de entonces se convirtieron en pareja. Tomás jamás tuvo pasaporte español y no cruzó la muga hacia el sur, mientras que Inés lo solicitó en 1977 con motivo del decreto de amnistía, para visitar a su familia de Irun. La familia de Inés Martínez, con quince hermanos, era una de las sagas anarquistas más conocidas de Gipuzkoa. Varios de sus hermanos habían estado presos con motivo de la Revolución de Octubre y salieron amnistiados en febrero de 1936 con la victoria del Frente Popular. Hasta seis de ellos fueron condenados a penas de muerte durante la guerra. Paco y Félix fueron capturados durante la ocupación nazi en Ipar Euskal Herria y enviados al campo de concentración de Gurs desde donde concluirían en campos de exterminio. Paco murió en Mauthausen y Félix tuvo la fortuna de resistir con vida hasta la entrada del Ejército norteamericano en Buchenvald, en abril de 1945.

La pareja se instaló en Paris, en una vivienda cerca de la Gare du Nord. Todos los veranos, se acercaban hasta Hendaia, donde alquilaban un apartamento, para que Inés estuviera cerca de su familia. Con motivo de la jubilación de Tomás, en 1976, alquilaron un pequeño apartamento en el número 45 de la calle Hapetenia de la población fronteriza, donde pasaban la temporada estival, de mayo a septiembre, repartiendo el resto con París. Según su familia, Tomás Hernández no tenía trato con los refugiados, consideraba a ETA como un grupo de activistas «pequeñoburgueses» y tampoco mantenía relaciones con anarquistas vascos como Félix Likiniano o Manolo Chiapuso.

En 1989, la administración francesa dio por fallecido a Hernández, y unos años más tarde, murió su viuda Inés Martínez. La familia estaba convencida de lo que le había sucedido a Tomás, que había sido secuestrado y trasladado a Barcelona, pero lo guardaron sin hacerlo público. Hasta que en 2008 los Hernández-Martínez sufrieron un terremoto emocional. La lógica del secuestro y de su conjetura se completaba.

Ese año, el juez Fernando Andreu reabrió la investigación por la desaparición de Pertur, siguiendo una línea iniciada por Ángel Amigo tras el estreno de su documental *El año de todos los demonios*. Sin embargo, parecía encajar con el caso del anarquista secuestrado en Hendaia. Según su familia, el secuestrado no era Pertur sino Hernández. Las diligencias abiertas señalaron a tres mercenarios italianos: Pierluigi Concutelli, Sergio Calore y Ramón

Izzo. Este último declaró que el secuestrado estuvo detenido en una masía catalana, cerca de Barcelona, y que el nombre con el que la conocían era «La Fábrica».

La masía catalana no estaba en Barcelona, sino en Lleida. La localización de esa masía, que Ángel Amigo supuso para Pertur y la familia de Hernández para Tomás, debería ser la que usaron diversos ultras para preparar sus fechorías, entre ellos Miguel Gómez Benet, acusado del atentado en 1977 contra la revista satírica *El Papus* que causó la muerte de uno de sus trabajadores. Gómez Benet fue un republicano acusado de matar a presos del bando rebelde en Valencia y Barcelona que, al final de la guerra, se pasó al lado franquista, ejerciendo también de represor. Es muy probable que conociera a Tomás Hernández en las checas de Barcelona. La masía en cuestión era el Castell de Remei, en el municipio de Penelles, a cuarenta kilómetros de la ciudad de Lleida.

Así, este desconocido refugiado llamado Tomás Hernández, según la hipótesis más sólida, fue secuestrado por un acto de venganza de familias pudientes catalanas franquistas, que se aprovecharon de la infraestructura paralela del Estado contra los refugiados, para saldar viejas cuentas. Fue un acto de represalia con cuarenta años de retraso por la actividad de Hernández en las ejecuciones de la Barcelona republicana. Inés Martínez, la viuda, ya había señalado en 1979 quiénes habrían ordenado el secuestro de su pareja. Uno de ellos era diplomático y el otro capitán general, excombatiente de la División Azul.

El BVE actúa en París

EL 28 DE JUNIO DE 1979, el BVE volvería a actuar en París. Cuando se encontraba comiendo en un restaurante con otros amigos, Francisco Javier Martin Eizagirre, fundador del PCEr y de Socorro Rojo, fue abatido a tiros por la espalda por un pistolero que le acertó en la cabeza y el abdomen. Martin Eizaguirre había nacido en 1937 en Erandio (Bizkaia), en el seno de una familia trabajadora. Muy joven emigró a Suiza, donde trabajó como delineante proyectista y contrajo matrimonio con una ciudadana suiza, con la que tuvo dos hijos mellizos, Ernesto y Felipe. Más tarde se trasladó a París, y formó parte de la dirección del PCEr.

Pocas horas más tarde de la ejecución de Eizagirre, en la mañana del 29 de junio, el mismo comando parapolicial atentaría mortalmente contra Aurelio Fernández Cario, emigrante de Sevilla en París, también relacionado con el PCEr y amigo personal de Eizagirre. Fernández fue tiroteado por dos hombres delante de su domicilio, en Choisy le Roi, al lado de París. Sus verdugos fueron Jean Pierre Chérid y Mohamed Talbi. El diario francés *Le Matin* informó que ambos estaban pagados por la patronal y el Estado español.

El periodista franquista Alfredo Semprún, en el semanario *Blanco y Negro* de 9 mayo de 1979 había acusado a Eizagirre de ser el coordinador de «una cumbre terrorista europea». En realidad, dirigía una revista en la que escribían refugiados uruguayos, chilenos y argentinos que llegaban a París huyendo de la represión. Ese mismo mes, Eizaguirre respondió a Alfredo Semprún en la revista *Punto y Hora*, acusándole de haberle señalado en el punto de mira de la guerra sucia y advirtiendo sobre la posibilidad de que se produjera un atentado contra él u otros militantes del PCEr. Tan solo un mes después, esa amenaza se hizo realidad.

Enrique Gómez y las balas dum-dum

ENRIQUE GÓMEZ ÁLVAREZ, *Korta*, nació en 1954 en Porqueros (León) y llegó a Gasteiz con su familia cuando contaba tan solo tres años de edad. Más tarde se trasladó a Arrasate y, tras una redada policial, se refugió en Ipar Euskal Herria, en 1974. El 25 de junio de 1979, se encontraba con unos amigos en la calle Pannecau de Baiona cuando, a las nueve y media de la noche, le llamaron desde un Peugeot 305 de color amarillo, matriculado en Pirineos Atlánticos, en el que viajaban varios individuos. Cuando acudió a atenderlos, resultó tiroteado con varias armas, entre ellas algunas provistas de balas dum-dum, munición prohibida por las convenciones internacionales por su capacidad de causar daños extremos. Trasladado al hospital, Enrique Gómez falleció a las cuatro horas. Había recibido nueve impactos. La acción fue asumida por el BVE.

Como respuesta al crimen, en Arrasate se convocaron protestas esa misma noche. Unas 3.000 personas se dirigieron en manifestación hacia el cuartel de la localidad. Durante la represión de la misma por la Guardia Civil, los jóvenes Félix Guridi y Jesús Errasti Elorza, ambos de diecinueve años, resultaron heridos de bala. Cuando el cadáver fue trasladado, la Guardia Civil llegó a interceptar el coche fúnebre, obligando a cambiar el trayecto para evitar que recibiera homenajes por el camino. Finalmente, Enrique Gómez Álvarez, *Korta*, fue enterrado en el cementerio de El Salvador en Otazu (Araba).

Fueron acusados del crimen José Pérez, Henri Berger, Alexis Perhun, Marc Obadia y Maxime Szonek, detenidos en septiembre de 1979 tras atentar contra otro refugiado, Justo Elizaran, que falleció poco después. Eran miembros del hampa de Burdeos y todos ellos llevaban documentación falsa. En el juicio en su contra celebrado en Pau en diciembre de

1980, dijeron actuar bajo la tutela de los servicios secretos de los estados español y francés. Aunque la fiscalía pidió la cadena perpetua, fueron condenados a quince años, únicamente por la muerte de Elizaran.

Cristina Larrañaga, la pareja de Enrique, estaba embarazada de un hijo que él no llegó a conocer. En 1999, el hijo de ambos, Aratz Gómez Larrañaga, fue detenido en Irun cuando, en compañía de Arkaitz Sáez e Iraun Zabaleta, intentaba robar una troqueladora. Fue condenado, acusado de pertenecer a ETA, junto a Sáez, a dieciocho años de prisión. Zabaleta fue detenido en Baiona al año siguiente y condenado por el mismo hecho a cinco años. Se dio la paradoja que cuando Iraun Zabaleta salió de prisión, visitaba a sus otros compañeros, todavía con más de la mitad de la condena por cumplir.

En 2016, el Ayuntamiento de Gasteiz, con su alcalde del PNV al frente, entregó una placa conmemorativa a los padres de Enrique Gómez y, tras la recepción en la Casa Consistorial, realizó una ofrenda floral en su tumba en el cementerio de El Salvador. El alcalde Gorka

Urtaran pidió a la familia «disculpas si no habéis tenido el reconocimiento y el cariño institucional durante todo este tiempo». En 2024, Egiari Zor completó, asimismo, un acto de homenaje, denunciando el manto de silencio sobre los crímenes de Estado.

Atentado en la playa de Angelu

JON LOPATEGI CARRASCO, *Pantu,* nació en el barrio bilbaíno de Matiko y, casualidades de la vida, estuvo destinado durante el servicio militar en la base norteamericana de Rota (Cádiz). Ya fue detenido y despedido en 1972 por una huelga laboral y en 1974 marchó al exilio. El 2 de agosto de 1979, en compañía de otros refugiados, Ángel Iturbe y Arantxa Sasiain, se dirigía a bañarse a una playa de Angelu cuando, estando en el parking, les dispararon una ráfaga de treinta tiros desde un vehículo. Uno de ellos, bala dum-dum, impactó en el semblante de Jon Lopategi, que fue trasladado por la gendarmería en helicóptero al hospital de Baiona, donde fue ingresado en estado de coma, y falleció dos días después. Ángel Iturbe fue herido en una pierna y Arantxa Sasiain salió ilesa. Sasiain había sufrido un intento de secuestro meses antes.

Era el séptimo atentado del BVE en Ipar Euskal Herria contra refugiados vascos. Unos días después, estalló un artefacto en una propiedad de Julen Madariaga, uno de los fundadores de ETA en 1958, un lugar frecuentado por refugiados, sin víctimas. No hubo detenciones tras el atentado. Los investigadores judiciales sospecharon de la participación de Jean-Pierre Chérid en el ametrallamiento, así como en el intento de secuestro de Arantxa Sasiain. En 2024, un acto de Egiari Zor recordó la muerte a manos de grupos parapoliciales de Jon Lopategi Carrasco, *Pantu*, y Tomás Pérez Revilla.

La muerte agónica de Justo

SOBRE LAS OCHO DE LA MAÑANA del 13 de septiembre de 1979, Justo Elizaran salió de su casa, ubicada en una céntrica calle de Biarritz, para dirigirse a su automóvil, aparcado en las inmediaciones. Una vez en el vehículo, fue atacado por un individuo que le disparó por la espalda hasta en siete ocasiones. Uno de los disparos le alcanzó la columna vertebral; el resto, los pulmones. El autor de los hechos huyó en un automóvil que fue hallado por la policía en un parking situado a unos cuatrocientos metros del lugar del atentado. Elizaran fue evacuado en estado muy grave al Hospital Saint Léon de Baiona, donde fue operado al mediodía para extraerle una de las balas, alojada en un pulmón. El refugiado, de 24 años de edad y natural del donostiarra barrio de Intxaurrondo, fallecería en la madrugada del 5 de octubre a consecuencia de un ataque al corazón derivado de las heridas gravísimas sufridas en el atentado, que le habían obligado a mantenerse con un pulmón de acero en todo ese periodo. La muerte de Elizaran fue reivindicada por el grupo ANE y el BVE.

Elizaran se había refugiado en diciembre de 1973 y trabajaba en la empresa Atturri. Era uno de los 127 refugiados cuya lista había publicado meses antes el Ministerio del Interior español. Tenía dos hijos, de cuatro y dos años de edad. En octubre de 2009, uno de ellos, Aitor, fue detenido en Carnac acusado de pertenencia a ETA. Ugaitz, su hermano mayor, había sido también detenido en 2001, acusado de pertenecía a Jarrai. Ambos, junto a su madre Belén Aguilar y otros familiares de víctimas del BVE y de los GAL, presentaron ante el Tribunal Europeo de Derechos Humanos (TEDH) una petición de reconocimiento de víctimas, rechazada en 2019, al considerar que no fueron «víctimas del terrorismo», por lo que se exoneraba al Estado español.

El atentado contra Elizaran originó una reacción inhabitual del Gobierno francés que, por medio del Ministerio de Asuntos Exteriores, condenó los hechos de forma rotunda. A su vez, el presidente Valery Giscard d'Estaing señaló: «Se hará todo lo posible para que la policía española no venga a Francia a ajustar sus cuentas». Asimismo, la gendarmería intervino con celeridad y detuvo a cinco personas relacionadas con el atentado y con otros cometidos con anterioridad. Los detenidos fueron José Pérez, Marc Obadia, Alexis le Rhun, Maxime Szonek y Henri Berges. El Tribunal de Pau condenó en 1980 a quince años de prisión a Szonek, Obadia y Jean Claude Ruiz y a siete años a Henri Berges, en calidad de autores del atentado los tres primeros y de cómplice el cuarto.

En febrero de 1983, la justicia francesa condenó a cadena perpetua a Jacques Debesa, que se encontraba en rebeldía, por su participación en el atentado contra Elizaran y otros cinco refugiados vascos. Había sido detenido por la Policía española en 1981 por delito común, pero se fugó de la prisión de Carabanchel cuando recibió un permiso de salida. En 1985, la justicia francesa volvió a inquirir a la española por su paradero, pero no obtuvo respuesta. Finalmente, Debesa fue detenido en Canarias en 1999 y extraditado al Estado francés. Un tribunal de Pau lo volvió a juzgar y le eximió de las penas anteriores, condenándole únicamente a cuatro años de prisión por asociación de malhechores, es decir por su pertenencia al BVE.

Violaciones bajo siglas parapoliciales

EL BVE REIVINDICÓ LA MUERTE de dos jóvenes tras ser violadas: Ana Tere Berrueta, de diecinueve años, en Loiu (Bizkaia), y Mari José Bravo, de dieciséis años, en Donostia. Javi Rueda, el compañero de Bravo, fue apaleado cuando intentaba defender a la adolescente, y dado por muerto. Revivió, pero a consecuencia de las heridas falleció años más tarde. En ese periodo se produjeron más violaciones con patrón similar; en algunas de ellas, las denuncias fueron contra agentes policiales. En el resto de casos, las víctimas sobrevivieron.

Estos casos ya fueron amparados explícitamente por el informe del Gobierno Vasco de 2008 «Víctimas de vulneraciones de derechos humanos derivados de la violencia de motivación política», bajo el epígrafe de violaciones sexuales de mujeres «con reivindicación política». En la investigación popular fue el exhaustivo trabajo del abogado Miguel Castells el que recogió las transgresiones de derechos humanos del Estado español en Euskal Herria, incluidas las violaciones, que le llevaron a una conclusión compartida por gran parte de la sociedad: la actividad paramilitar con respecto a las violaciones estaba diseñada desde el Estado. Fue condenado a causa de este trabajo por los tribunales españoles, pero el de Estrasburgo (TEDH) le dio la razón en 1991.

La asociación Argituz también presentó un informe llamado «Mujeres violadas con reivindicación política por grupos parapoliciales», que refiere el periodo de 1977 a 1980 y recoge casos particulares. En varios de ellos, antes de la violación, las mujeres fueron interrogadas sobre su relación con ETA. Sin embargo, las instituciones y los estudios académicos han pasado de puntillas sobre este tema, al margen de los trabajos y esfuerzos citados.

Gracias a estas fuentes, hoy conocemos que la mayoría de agresiones sexuales se concentraron en las cuatro capitales de Hego Euskal Herria, y en localidades como Bermeo (Bizkaia), Orereta (Gipuzkoa) o Irun (Gipuzkoa). Las violaciones tuvieron lugar en escenarios donde también se produjeron otros tipo de represión, tanto asumidas por el Estado (torturas, secuestros) como negadas (acciones paramilitares). El modus operandi de los victimarios fue muy similar a pesar de la distancia entre localidades. En todos los casos, los violadores exhibieron sus armas para coaccionar a las víctimas. Lo más llamativo del tema reside en que casi la totalidad de las manifestaciones por esas agresiones sexuales fueron reprimidas violentamente por las fuerzas de seguridad españolas, provocando heridos.

Uno de los primeros casos denunciados públicamente fue el de la joven M. A., de dieciséis años, de Orereta. Denunció que fue asaltada cuando se encontraba con su novio en el barrio de Alaberga, en la noche del miércoles 14 de noviembre de 1979. Dos hombres se aproximaron a la pareja y les exigieron su identificación. El chico les enseñó su DNI, pero ella no lo llevaba encima. Alegando esa circunstancia se la llevaron, tras introducirla en vehículo, mientras, apuntándole con una pistola, obligaban al joven a alejarse del lugar. Se dirigieron a la zona portuaria de Lezo. Allí interrogaron a M. A. sobre sus opiniones políticas y respecto de ETA. Poco después la obligaron a desnudarse y, a punta de pistola, los dos individuos la violaron. La impunidad quedó reflejada cuando un mes más tarde Maite Cerezo, de catorce años, también fue violada. En esta ocasión, la víctima también se encontraba en compañía de un amigo junto al matadero de Orereta y dos personas se la llevaron consigo a un descampado de las afueras en el que la violaron esgrimiendo sendas pistolas. Pasados unos días, otra joven de la misma localidad, de dieciocho años, también fue violada. En las tres ocasiones, las violaciones fueron reivindicadas por GAE, siglas habitualmente utilizadas cuando los autores pertenecían a la Policía.

Ana Tere Berrueta fue secuestrada, torturada y violada el 9 de enero de 1980. Había sido secuestrada cuando regresaba a casa de clases de euskera. Fue estrangulada con su propio cinturón y su cuerpo presentaba heridas punzantes. Según varias fuentes, como el diario *Egin*, la asociación Argituz o el Gobierno Vasco, este caso fue reivindicado por el BVE. Hubo numerosas movilizaciones para denunciar la muerte, la mayoría reprimidas. Apenas dos semanas después del crimen de Ana Tere Berrueta, fue violada otra joven de dieciocho años, en Galdakao. A las nueve de la noche del lunes, cuando se dirigía a buscar a una sobrina que tomaba clases de solfeo, dos individuos la obligaron a montarse en un turismo, la llevaron hasta las afueras del complejo deportivo de Elexalde y la violaron.

Unos meses más tarde, el 7 de mayo de 1980, María José Bravo del Valle fue detenida junto a su novio Javi Rueda, al que dieron una paliza y abandonaron, dándolo por muerto. El cadáver de Bravo fue hallado en la tarde del día siguiente. El BVE reivindicó su violación y muerte «por ser confidente de ETA». En las manifestaciones posteriores, María Pérez Martínez, de veinte años, recibió en Basauri (Bizkaia) el impacto de un bote de humo en su cara y fue ingresada en el hospital en estado muy grave. Finalmente, salió del coma, y logró salvar su vida. En las protestas en el barrio donostiarra de Loiola, de donde era natural Mari José, la Policía disparó botes de humo contra la vivienda de su familia, y rompió todos los cristales. Los vecinos del barrio, junto a diversos agentes políticos y sociales, formaron una comisión investigadora sobre la muerte de Bravo, y publicaron de un boletín en cuyo epílogo señalaban que actos como el citado tenían como objetivo sembrar el miedo entre la población «como arma para reprimir a todo un pueblo».

Ante la extensión de las denuncias y la convicción de que detrás de las violaciones estaban diversos agentes policiales, el Gobierno Civil de Gipuzkoa alumbró una nota que decía: «En el transcurso de alguna manifestación en protesta por las violaciones se ha intentado involucrar –sin el menor fundamento al respecto– a actuaciones de la fuerza de Seguridad del estado, lo que, presumiblemente, puede formar parte de un intento de campaña de difamación contra el recto proceder de dichas fuerzas, ante la que este Gobierno Civil sale al paso. Sobre los causantes de incorrectas denuncias de violaciones y, en su caso, sobre los difamadores, se hará caer todo el peso de la ley».

Al margen de las violaciones de los grupos parapoliciales, hubo también en diversos periodos varios casos de denuncias de violaciones en comisarías, en situación de custodia policial. Los nombres de los autores fueron difundidos en los medios de comunicación, pero las denuncias no tuvieron recorrido judicial.

Muerte a Saldise en Lezo

EL 15 DE ENERO DE 1980, un comando parapolicial mató en Lezo a Karlos Saldise, militante de Gestoras pro Amnistía. Un individuo le abordó en el portal de su vivienda a media noche y le disparó a bocajarro dos veces en la cabeza, mientras otro le cubría la retirada por unas escaleras que daban a una calle cercana. Saldise llegaba a casa después de haber cenado en Pasai Donibane (Gipuzkoa), en la vivienda de su madre. Previamente había sido amenazado de muerte en varias ocasiones.

Su fallecimiento provocó una conmoción social que se extendió por Hego Euskal Herria. La Policía reprimió la mayoría de las manifestaciones, en especial en Iruñea, Bilbo y Lekeitio (Bizkaia). El Ayuntamiento de Pasaia, de donde era natural Saldise, aprobó una moción condenando el atentado y apuntando que «los verdaderos autores del atentado» eran las «fuerzas fascistas parapoliciales, encubiertas por los estamentos oficiales». El PSOE votó en contra. El Ayuntamiento de Lezo apoyó la huelga general convocada en Gipuzkoa para protestar contra el atentado. Herri Batasuna indicó que su muerte pertenecía a una estrategia elaborada para castigar determinados territorios de Euskal Herria, los más luchadores, entre ellos la zona de Orereta (Gipuzkoa), Sakana (Nafarroa), etc. La acción fue reivindicada por los GAE y por el BVE. El Juzgado Central de Instrucción n.º 2 abrió el sumario 40/80 sobre la muerte de Saldise, dictando un auto de sobreseimiento provisional, apenas dos meses después.

La masacre del Bar Aldana

HUBO VARIOS INTENTOS por parte del BVE de provocar masacres, con atentados indiscriminados, en varias ocasiones en bares frecuentados por sectores abertzales o identificados como tales. El modus operandi era similar: artefactos explosivos colocados en horas de máxima afluencia, con el objetivo de causar el mayor número de víctimas. En esa lógica, fueron señalados tanto bares ligados a la izquierda abertzale como locales próximos al PNV. En Ipar Euskal Herria, los objetivos fueron locales frecuentados por refugiados vascos.

Entre los atentados contra estos objetivos, el más destacado, por su letalidad, fue contra el bar Aldana, en Alonsotegi (Bizkaia), que provocó cuatro muertos. Pero hubo otros que rozaron la tragedia, como el del bar Meñika, en Santutxu (Bizkaia), donde el dueño sacó a la calle los explosivos poco antes de deflagrar. También, entre otros, el bar Gotzon en Bilbo, Atxurra en Mundaka (Bizkaia), Iruñazarra y Lacalle en Iruñea, Gure Kabia en Durango (Bizkaia), Gaztelu en Apatamonasterio (Bizkaia), Bowling en Leioa (Bizkaia), Kaiku y Uranga en Zornotza (Bizkaia), Alaia, Antia y Echeberria en Donostia, Mondragonés en Zarautz (Gipuzkoa), Eusebio en Zumarraga (Gipuzkoa), Bengoa en Arrasate (Gipuzkoa), Txomin en Algorta (Bizkaia), Náutico en Itsasondo (Gipuzkoa), Arrantzaleak en Gasteiz, Penalty en Irun (Gipuzkoa), Shanti en Tolosa (Gipuzkoa), Alai en Lasarte-Oria (Gipuzkoa), Faisan en Behobia (Gipuzkoa), Gurugú, en Algorta (Bizkaia), Etxe-Aritz de Azkoitia (Gipuzkoa), Baratzpe en Mungia (Bizkaia), Maite en Lekeitio (Bizkaia), Ganekoetxe en Berriz (Bizkaia)... Al margen de los que fueron atacados con explosivos, una docena más fueron ametrallados.

En la madrugada del 20 de enero de 1980, alrededor de la una de la noche, el bar Aldana de Alonsotegi estaba más concurrido que de costumbre por una celebración previa en una sociedad cercana. El Aldana era conocido como como «bar de Garbi», por el nombre de su dueña. Nadie reparó en la presencia de una caja de cartón que se encontraba depositada junto a la puerta del bar. Al parecer, alguno de los clientes apartó la caja del camino en un movimiento instintivo. En ese momento explotó el artefacto que se hallaba escondido en ella y que contenía entre cinco y seis kilogramos de goma-2. La deflagración que produjo el mecanismo destrozó el bar y buena parte del primer piso del caserón que lo albergaba. Miembros de algunos de los fallecidos aparecieron a más de 25 metros del lugar, y hubo coches que quedaron partidos por la mitad. Algunos testigos hablaron de «espectáculo dantesco». Los GAE reivindicaron la acción.

La bomba del bar Aldana mató a cuatro personas: Liborio Arana Gómez, de 54 años; Manuel Santacoloma Velasco, de 58 años; Pacífico Fica Zubiaga, de 39 años, y su esposa, Mari Paz Ariño Barón, de 38 años. Otras diecinueve personas resultaron heridas, seis de ellas de gravedad: Joseba Andoni Mendoza Galfarsoro, que perdió una pierna, y su pareja, Carmen Coterón; el matrimonio que regentaba el establecimiento, compuesto por José Ángel González Arrieta y Garbiñe Zarate Camino; y Jesús Montes y José Ignacio Echeberria Santamaría.

El matrimonio que se encontraba al frente del bar Aldana militaba en el PNV, pero el establecimiento distaba mucho de parecerse a un batzoki, porque al mismo acudían clientes de todas las tendencias. El director de la Policía española, José Sáinz, se desplazó a Bilbo con el anunciado propósito de impulsar la investigación del atentado, que quedó en manos del comisario José Amedo Fouce, quien años más tarde resultaría implicado en la trama de los GAL.

Meses después del atentado trascendió que mandos intermedios de la comisaría de Policía de Barakaldo (Alonsotegi pertenecía a esta localidad vizcaína; se desanexionó en 1989) pudieron haber sido los autores materiales de la colocación del artefacto. Años más tarde, en el marco de las investigaciones sobre los GAL, diversas fuentes volvieron a situar en esa misma comisaría de Barakaldo a los posibles autores del atentado de Alonsotegi. El Juzgado Central de Instrucción n.º 1 había abierto el sumario 88/80 relativo a los hechos de Alonsotegi, pero lo cerró casi de inmediato, dictando un auto de sobreseimiento provisional el 12 de mayo de 1981.

En 2015 el Gobierno español contestaba a una pregunta escrita del diputado jeltzale Aitor Esteban sobre el atentado: «Una vez consultados los archivos policiales, no existe informe que aporte datos relativos al esclarecimiento de los hechos». Amedo, encargado de la investigación, dijo: «Después de las primeras informaciones que yo había aportado, fue el entonces jefe superior de Policía, Carlos Santos Anechina, quien me ordenó que paralizase las investigaciones». Dos meses después del atentado del bar Aldana, Santos Anechina fue relevado de su puesto como jefe de la Policía en Bizkaia. Antiguo comisario de la franquista BPS, tras su cese se trasladó a Madrid donde abrió varias empresas de seguridad privada.

Madrid no era refugio: el caso de Yolanda González

YOLANDA GONZÁLEZ había nacido en el barrio de Deustu de Bilbo. Tenía diecinueve años y vivía en Madrid desde finales de 1978, donde estudiaba electrónica. Pertenecía a la Coordinadora de Estudiantes de Madrid, y había militado en LKI y posteriormente en el PST (Partido Socialista de los Trabajadores).

El 1 de febrero de 1980 González se despidió de dos amigos gallegos de visita en Madrid. Pero cuando a medianoche su pareja, Alejandro Arizcun, llegó a la vivienda, en el barrio de Aluche, la encontró vacía. Antes de esa hora había sido secuestrada. Los secuestradores la introdujeron en un coche con el que dieron varias vueltas por Madrid, mientras la interrogaban y torturaban. Al final, le dispararon, causándole la muerte; según el forense, entre las cuatro y las seis de la madrugada. El cuerpo de la joven fue hallado por la Guardia Civil hacia las ocho y media de la mañana del día siguiente, tras ser avisada por un particular, y presentaba dos tiros en la cabeza que habían dejado su rostro irreconocible y un tercero en un brazo.

Su muerte fue reivindicada por el BVE mediante un mensaje en cinta perforada de télex depositada en un sobre en los servicios de la cafetería madrileña Nebraska, comunicado posteriormente a la agencia EFE. El BVE acusaba a Yolanda de pertenecer a la organización de estudiantes abertzales IASE (Ikasle Abertzale Sozialista Erakundea), grupo del que decían «era una tapadera de ETA». IASE había desaparecido años atrás. El comunicado continuaba: «Seguiremos actuando hasta localizar y acabar con los tres comandos de información que actúan en Madrid», y concluía: «Por una España grande, libre y única. ¡Arriba España!».

El crimen contra Yolanda González estuvo organizado y ejecutado por una estructura paramilitar denominada Grupo 41, integrado por militantes del partido fascista Fuerza Nueva (FN), que dirigía Blas Piñar. Como autores confesos de su muerte fueron condenados Emilio Hellín Moro, a 43 años, e Ignacio Abad Velázquez, a 28, además de ser castigados a penas menores el jefe de seguridad de FN, David Martínez Loza, y los colaboradores del comando José Ricardo Prieto y Félix Pérez Ajero. Hellín fue el autor de los dos disparos y Abad del tercero. Hellín se había refugiado en Gasteiz, en casa de un policía, pero sería detenido una semana después.

A los siete años de cárcel, Hellín aprovechó un permiso para huir con su familia y documentación legal a Paraguay, donde trabajó para la Policía del presidente Alfredo Stroessner. Una revista española descubrió su paradero, tras lo cual fue detenido y extraditado al Estado español. Salió de prisión en 1996 y comenzó a trabajar para la Policía española y la Guardia Civil en temas de ciberseguridad y espionaje. En 1998 fundó, junto con su hermano, Juan José, guardia civil retirado, las empresas Net Computer Forensies y New Tecnology Forensics. En 2008, con fondos del Gobierno

Vasco, instruyó en Madrid a un grupo de ertzainas.

En 2013, Asier González, hermano de Yolanda, hizo unas declaraciones sobre Hellín: «Mi sorpresa es que esta persona haya seguido manteniendo esos contactos policiales. Que la vida que él ha rehecho esté vinculada a los órganos policiales. Y pienso que eso solo es posible por la pervivencia de las estructuras franquistas. Si esas estructuras se hubiesen depurado, esto no sería posible que no conocieran los antecedentes penales de esta persona. Y si sus datos no están, es que alguien se ha encargado de borrarlos. Nos da la sensación de que ha desaparecido información o han hecho desaparecer información de Hellín». En 2016, el Ayuntamiento de Bilbo dio el nombre de Yolanda González a una plaza de Deustu. En 2018, y por enésima vez, la placa que la recordaba en el barrio madrileño de Aluche fue arrancada por desconocidos.

Zubikarai: secuestro, ejecución y silencio institucional

EL MISMO DÍA DEL ASESINATO de Yolanda González en Madrid, el BVE cometió otro atentado en Euskal Herria: el de Jesús Mari Zubikarai, de 22 años, natural de Ondarroa. Fue secuestrado a la entrada de su vivienda y trasladado a Eibar (Gipuzkoa), donde su cadáver apareció en el barrio de Aginaga con nueve impactos de bala.

Las primeras noticias filtradas por Interior señalaban que era un miembro de ETA muerto en Ispaster (Bizkaia) en un enfrentamiento entre la Guardia Civil y un comando de la organización armada, en el que fallecieron seis agentes y dos militantes. La noticia era falsa y pronto fue desmentida por la familia de Zubikarai. Había sido militante de EIA y colaboraba con Euskadiko Ezkerra. El BVE reivindicó la acción señalando: «Antes la guerra civil que el separatismo». Kandido, hermano de Jesús Mari, permaneció en prisión 22 años, acusado de pertenencia a ETA. Su hijo Eñaut fue portero de la Real Sociedad de fútbol. En 2011, le fichó el Hércules de Alicante, pero ante la presión mediática hispana, desestimó finalmente el fichaje. Eñaut sufrió un acoso sostenido y decidió marchar al fútbol australiano.

Una crónica sin concluir

UNO DE LOS CASOS MÁS PARADIGMÁTICOS de la guerra sucia fue el de Joxe Miguel Etxeberria, *Naparra*, desapareció en Ziburu (Lapurdi) el 11 de junio de 1980. La primera noticia sobre su desaparición se publicó en el diario *Egin* casi una semana después, el martes 17 de junio. La última vez que le vieron en público fue en el bar La Consolation de Donibane Lohizune. El 22 de junio el BVE se responsabilizó del secuestro de Etxeberria. Pocos días después, en llamada al mismo periódico, el BVE asumió nuevamente la muerte de Naparra, según ellos ocurrida el 30 de junio. En su nota informaban que el cuerpo se encontraba enterrado en el paraje Txantako de Donibane Lohizune. Hubo una movilización de familiares y amigos para localizar sus restos, sin éxito, hecho que provocó un nuevo comunicado del BVE, en el que afirmaba que «los gendarmes se llevaron el cadáver de Chantaco a Dax». Más tarde, un nuevo comunicado del BVE apuntaría a que Naparra había sido trasladado a Saint Vincent-de-Tyrosse, a treinta kilómetros de Dax, «por tres gendarmes de la Comisaría de Biarritz».

La biografía de Naparra es de sobra conocida, en especial a partir del libro publicado por Jon Alonso que vio la luz en 2020, *Naparra. Kasu irekia* (publicado por Elkar, y al año siguiente en castellano por Txalaparta, bajo el título *Naparra. Caso abierto*), y también gracias al documental dirigido por Iñaki Alforja, *Historia de un volante*. José Miguel había nacido en Iruñea en abril de 1958. Llevaba dos años refugiado en Ipar Euskal Herria y había sido militante de LKI, ETApm, ETAm y finalmente de CAA. El día 11 tenía una cita con una o varias personas. Días después de su desaparición, el Comité de Refugiados hizo una nota aceptando su muerte y añadiendo que «es muy triste tener que soportar con impotencia acciones de esta índole, ver que el enemigo está preparado a unos metros, preparado para tendernos la trampa al menor descuido y que para ellos no existen fronteras, ni controles».

Al igual que en el caso de Pertur, hubo intentos de extender sombras sobre la desaparición de Naparra: se filtró desde medios policiales la idea de que el autor de la desaparición fue ETA. Los CAA difundieron un comunicado señalando de falsa y tendenciosa la noticia, que había sido difundida por la agencia EFE. El padre de José Miguel cruzó la muga para entrevistarse con Txomin Iturbe y Eugenio Etxebeste, dirigentes de ETA, que le confirmaron que ellos no habían sido. ETA realizó su propia investigación, suponiendo que Naparra habría sido objeto de una trampa gestionada en una compra de armas.

Sin embargo, la hipótesis más probable sobre lo ocurrido a Naparra sostiene que fue un grupo dirigido por Jean Pierre Chérid el que lo secuestró. Aunque en 1985, Rafael Cid y José Luis Díez Herrera publicaron un artículo en *Diario 16* en el que apuntaban a los hermanos Perret como autores del secuestro y muerte. En relación a la vía de Chérid, para lograr el objetivo había contado con la colaboración del infiltrado Julio Cabezas Centeno, conocido también por *Escaleras*, que se acercó al entorno autónomo, hasta conseguir introducirse en el seno de la organización CAA. Natural de Orereta, Cabezas tuvo una truculenta vida militante. Adicto a la heroína, fue un objetivo fácil de los servicios policiales. Estuvo refugiado en Ipar Euskal Herria y preso en Soria, donde recibió una paliza casi mortal de sus antiguos compañeros. A la salida de prisión le esperaba Chérid, que lo tuvo, en adelante, como uno de sus colaboradores más cercanos. Además, Chérid estaba casado con Teresa Rilo Cabezas, prima de Escaleras. Y por lo que contaron los refugiados de esa época, su relación con Naparra era funesta. Así que pudo tratarse de un secuestro como venganza.

Las diligencias abiertas por la Policía francesa con relación a la desaparición de José Miguel tuvieron elementos cuando menos sorprendentes. En junio de 1980, simultáneamente a la desaparición de Naparra, hubo un atentado contra la plaza de toros de Dax que jamás fue reivindicado. El atentado salió a la luz en un comunicado del BVE en el que citaba los ataques que había realizado en varios meses, entre ellos la desaparición de José Miguel y el de la plaza de toros de Dax. Pero, para entonces, la Policía francesa había llamado a declarar a su autor, Jean Pierre Foixet, residente en Saintes, a 350 kilómetros de Dax, como sospechoso en la desaparición de Naparra. En el interrogatorio, Foixet dijo desconocer la reivindicación del BVE, reconoció su autoría y que el atentado lo había preparado sin ayuda porque estaba en contra de las corridas de toros. Añadió también un argumento turbador: que el BVE estaba para cometer atentados más importantes que el suyo. No fue interrogado ni por los explosivos utilizados ni por su procedencia. Fichado por la Policía francesa por el cruce habitual de la frontera hacia el Estado español, el interrogado señaló que era un simple turista. Estas cuestiones, que hoy siguen dejando interrogantes, fueron consideradas suficientes por el juez Larque, que abandonó la pista.

Desde el 10 de febrero de 1982, fecha en la que el Tribunal de Baiona archivó la causa, hasta 1999, el proceso pasó por un enorme desierto. En septiembre de ese año, la Audiencia Nacional abrió las diligencias 245/99 a instancias de una querella de la familia, que fueron archivadas provisionalmente en marzo de 2004. En octubre de ese mismo año, Ángela Murillo se negó a reabrir el caso alegando que no había indicios de que José Miguel fuera secuestrado y «mucho menos» de que hubiera sido asesinado. En 2016 el juez Ismael Moreno reabrió el sumario, que permitió a un equipo forense de la Policía de París, al año siguiente, actuar en un lugar entre Labrit y Brocas (Landas) para proceder a una exhumación que resultó fallida. El sumario se volvió a cerrar hasta que en 2024, de nuevo, esta vez expertos del Ejército francés hicieron una nueva cata en un terreno colindante al de 2017, con el mismo resultado negativo. Y nuevamente, la Audiencia Nacional volvió a cerrar el sumario.

El 13 de junio de 2014, la Comisión de Desapariciones Forzadas de Naciones Unidas hizo suyo el caso de José Miguel Etxeberria, *Naparra*. Ese mismo día, envió una petición de información sobre la desaparición a los gobiernos de Madrid y París. Pero no hubo respuestas.

Atentado contra una ikastola

ALREDEDOR DE LAS NUEVE Y MEDIA de la noche del 23 de julio de 1980, estalló un potente explosivo en la guardería e ikastola Iturriaga, situada en la plaza de Amezola de Bilbo. Como consecuencia de la explosión fallecieron María Concepción Contreras Gabarri, de diecisiete años y embarazada de más de ocho meses, su hermano Antonio, de doce años, y el trabajador del servicio de limpiezas Anastasio Leal Serradillo, de 59 años. Los hermanos Contreras eran de etnia romaní, residían en una *roulotte* en el barrio de Peñascal, y procedían de Trebiñu. Anastasio Leal estaba afiliado al sindicato comunista CSUT (Confederación de Sindicatos Unitarios de Trabajadores), una escisión por la izquierda de CCOO, auspiciada por el PTE.

Al parecer, la bomba estaba escondida en un paquete, en la entrada del centro escolar, y según las investigaciones posteriores, los dos hermanos estarían recogiendo cartones por la zona, ya que el marido de María Concepción, Francisco Salguero, se hallaba en el momento de la explosión a bordo de una furgoneta en la cercana calle Unamuno. La segunda de las hipótesis apuntaba como objetivo al batzoki del PNV de Errekalde, que se encontraba cerrado por obras. Quizás por esta circunstancia los autores se confundieron y pusieron la bomba en la acera de enfrente, donde figuraba un rótulo en euskera de la guardería «Iturriaga haurtzaindegia».

El atentado fue asumido por el BVE y la Triple A: «Seguiremos practicando el terrorismo ciego, con bombas que no sabemos a quién van a matar», afirmaron. El BVE pidió perdón por las muertes y señaló que la bomba había sido colocada en la ventana de la ikastola. La guardería Iturriaga estaba regentada por la esposa de Antonio Artiñano, médico en Laudio (Bizkaia), teniente de alcalde por Herri Batasuna en el Ayuntamiento de Zeberio (Bizkaia) y miembro de las Gestoras Pro-Amnistía de Bizkaia. No hubo investigaciones judiciales. Sorprendentemente, COVITE y la AVT atribuyeron el atentado a ETA, a pesar de que el resto de asociaciones, el Gobierno central y el de la CAV lo imputaron al «BVE o satélites».

Al otro lado del océano Atlántico

EL MISMO DÍA EN QUE EL BVE mataba en Hernani a Joaquín Antimasbere, al otro lado del Atlántico, en Caracas, tres pistoleros terminaban con la vida de la pareja Jokin Alfonso y Espe Arana, naturales de Eibar, que llevaban dos años residiendo en la capital venezolana por razones laborales. Llamaron a su vivienda y al abrir la puerta, varias ráfagas de metralleta terminaron con sus vidas. Jokin era el presidente del Comité de Apoyo a Presos y Exiliados Vascos de la capital venezolana. Fue sintomático que, durante los meses precedentes, la prensa de Madrid había estado haciéndose eco de noticias sobre la existencia de refugiados de ETA en Venezuela.

Los agresores habrían contado con la inestimable colaboración de dos policías españoles que habían entrado en Venezuela con las armas que se iban a usar, gracias a un salvoconducto de las autoridades venezolanas que les evitó ser sometidos a registro en el aeropuerto. Posteriormente llevaron las armas a la habitación de hotel en la que se hospedaban los mercenarios. Tres horas después de cometer el doble crimen, los mercenarios partieron hacia Paraguay en una avioneta privada prestada por un pariente del dictador Alfredo Stroessner, que residía en Madrid y solía colaborar en operaciones de este tipo. Tras unos días en Asunción, regresaron a Madrid, sin mayores contratiempos, en vuelos regulares.

El BVE reivindicó el atentado de inmediato. En Euskal Herria la conmoción fue enorme, por el lugar donde se había cometido el atentado. Los cadáveres fueron trasladados a su localidad de origen y el funeral fue multitudinario. Herri Batasuna y otras formaciones denunciaron la necesaria cooperación del Estado español en la confección del atentado e incluso se llegó a apuntar a la embajada española en Caracas, donde en esa época se encontraba destinado Antonio González Pacheco, *Billy el Niño*, señalado como uno de los organizadores de la llamada guerra sucia.

La investigación popular, al margen de evidenciar complicidades diplomáticas, apuntó a tres nombres como los autores del atentado: Jean-Pierre Chérid, José María Boccardo y Mario Ricci. Boccardo había abandonado Argentina, perseguido por haber sido pistolero de la Triple A. Se refugió en el Estado español donde un año después fue detenido por tráfico de armas. Quedó en libertad y comenzó a cooperar con Interior. Mario Ricci, por su parte, utilizaba la identidad falsa de Carlo Vannoli, y había dejado Italia tras el atentado que le costó la vida al juez Vittorio Occorsio en julio de 1976. El juez estaba investigando el terrorismo neofascista y su relación con la Logia P2. Chérid, Boccardo y Ricci formaron un comando estable que actuó en otras ocasiones, entre ellas en el atentado que había costado la vida a Argala. Resultó revelador que Teresa Rilo, la viuda de Jean-Pierre Chérid, destapó en 2019 que González Pacheco fue instigador y dirigente de numerosos atentados mortales reivindicados por siglas tales como BVE. Afirmó que era jefe de su esposo, rubricando lo que la investigación popular había descifrado décadas antes. Rilo atribuyó a Jean Pierre Chérid, Mario Ricci y José María Boccardo el atentado de Caracas.

No fue el único intento. En 1985, dos individuos españoles armados, Cándido Cascajal y Luis Pérez según sus documentos de identidad, fueron detenidos en la cercanía de la vivienda de dos deportados vascos. Los dos detenidos en esta ocasión dijeron ser funcionarios de la Embajada española. En 2001, la familia de Jokin Alfonso Etxeberria, solicitó a la dirección de Víctimas del Terrorismo el reconocimiento de la pareja como tales. La respuesta, tramitada a través del Ministerio del Interior, resultó insólita. La negativa fue rotunda: señalaron que en su momento hubo tres hipótesis sobre el atentado, que cuarenta años después, seguía sin resolver: «1. Un posible ajuste de cuentas por parte de ETA, por malversación de los fondos que administraba Joaquín ALFONSO o desvío de los mismos a favor de la empresa de válvulas que regentaba. 2. Implicaciones de algún grupo de la extrema derecha, como el GAL o el BVE, que, al parecer, se habían responsabilizado de los hechos mediante llamadas anónimas reivindicativas a medios de comunicación social. 3. Reacción del colectivo de empresarios vascos de Venezuela». Para terminar con «En conclusión, el asesinato de referencia es un incidente más que rodea a ETA y a su militancia, cuya autoría y motivación no ha podido ser aclarada».

Unas declaraciones que coincidían con las que había hecho Pedro Cortina Mauri, ministro de Exteriores hispano, en el verano de 1975, sobre los atentados parapoliciales en el Estado francés. Preguntado por un periodista de la emisora France-Inter sobre la actividad española en territorio francés, su contestación fue esquiva, a pesar de los atentados y reivindicaciones ya producidos: «Yo creo que son rumores infundados y por tanto no se pueden adoptar hipótesis».

La masacre del Hendayais

EL DOMINGO 23 DE NOVIEMBRE DE 1980, los clientes habituales del Hendayais, entre ellos media docena de niños, abarrotaban el bar, cercano a la plaza de la República en Hendaia. En un momento, se acercó un coche del que bajaron tres pasajeros. Uno de ellos, que llevaba una escopeta con cañones recortados, rompió los cristales exteriores del bar, y a continuación el otro mercenario disparó dos ráfagas de su arma automática, aproximadamente treinta disparos. Hubo dos muertos y diez heridos. Los fallecidos eran Jean Pierre Haramendi, jubilado, y José Camio, de 52 años, trabajador de la empresa Nehust de Hendaia y natural de la localidad guipuzcoana de Urnieta. Camio había huido al Estado francés tras desertar del servicio militar a finales de la década de 1940. Los heridos de mayor gravedad fueron Jean Louis Humbert, Roger Carrigues, Pedro Tortosa, León Irazoqui, Michel Imaz, Louis Berdani y Emile Muley Flores, todos ellos de nacionalidad francesa. Jean Luis Humbert y León Irazoqui quedaron con secuelas de por vida. La masacre fue reivindicada por el BVE.

El comando parapolicial estaba compuesto por Gilbert Perret, Mohamed Khiar y Vittorio Aldo. Los agresores se dieron a la fuga, saltaron el puesto francés en Hendaia y fueron detenidos por el español, que los puso en libertad al día siguiente. En el coche, incautado por la Guardia Civil, se hallaron varias armas y abundante munición. Los policías españoles del puesto fronterizo habían llamado al teléfono que llevaban los mercenarios y que resultó ser un número de la Comisaría General de Información, cuyo responsable era Manuel Ballesteros. El receptor de la llamada era uno de sus colaboradores más cercanos, Antonio González Pacheco, *Billy el Niño*. En las interpelaciones siguientes, no solo en tiempo de UCD, sino ya con el PSOE en el Gobierno, los responsables de Interior defenderían y ofrecerían cobertura a los implicados en este caso.

En los meses siguientes, José Luis Fernández Dopico, secretario general de Seguridad del Estado, trasladó lejos de Hego Euskal Herria a todos los policías que, en la muga de Irun, habían tenido conocimiento de los hechos en una u otra medida. En 1982 Manuel Ballesteros fue apartado de los puestos de responsabilidad de la lucha contra ETA como consecuencia de su implicación en el caso Hendayais, y fue sustituido por Jesús Martínez Torres, otro de los hombres forjados en las comisarías del franquismo. En 1985 Ballesteros fue rehabilitado por el socialista José Barrionuevo.

El atentado tuvo una deriva judicial. La primera iniciativa fue tomada por varios partidos vascos que presentaron una querella criminal contra Pedro Aristegui, gobernador de Gipuzkoa, al considerar que las autoridades españolas habían «delinquido por ocultar y proporcionar la fuga a los autores de un verdadero crimen terrorista». El 3 de diciembre de 1980, en comparecencia parlamentaria, el ministro del Interior español, Juan José Rosón, afirmó que los tres individuos que habían atravesado la frontera no eran de nacionalidad española y que pertenecían a una red de informadores puesta en marcha por las fuerzas de seguridad españolas para seguir los movimientos de miembros de ETA en suelo francés. El ministro aseguró que esas tres personas no eran los autores del ametrallamiento de Hendaia.

El comisario general de Información, Manuel Ballesteros, llegó a ser procesado en la Audiencia de Gipuzkoa por denegación de auxilio a la justicia el 26 de marzo de 1984, al entender que era responsable de haber dejado libres a los tres autores de la matanza. En el juicio se probó que el responsable del puesto fronterizo consultó con Ballesteros qué hacer con los tres mercenarios, y el mando antiterrorista le indicó «darles bola», esto es, ignorar el incidente y dejarlos libres, ya que trabajaban para Interior. La acusación popular en el proceso fue ejercida por los ayuntamientos de Orexa, Lizartza, Hernani y Leaburu-Gaztelu (Gipuzkoa), así como por el grupo de concejales de Herri Batasuna en Donostia y su abogado fue Miguel Castells. La vista oral se celebró en la

Audiencia Provincial de Donostia en mayo de 1985, bajo imponentes medidas de seguridad, y en ella llegó a declarar como testigo el exministro del Interior, Juan José Rosón. El 22 de ese mes fue dada a conocer la sentencia, que condenaba a Manuel Ballesteros a tres años de suspensión y 100.000 pesetas de multa por un delito de denegación de auxilio a la justicia. No obstante, meses después, en noviembre de 1985, el Tribunal Supremo admitió a trámite el recurso interpuesto por Ballesteros y en marzo de 1986 la Sala Segunda del alto tribunal dictaminaba su absolución.

Posteriormente, el comisario Manuel Ballesteros, que ejercía el cargo de responsable del Gabinete de Información de Interior, fue encausado de nuevo, en este caso por un supuesto delito de prevaricación. El juicio se celebró en febrero de 1994 en la Audiencia Provincial de Donostia y la acusación solicitaba veinte años de inhabilitación especial para el policía, diez por prevaricación y otros diez por denegación de auxilio a la justicia. La Audiencia sentenció a principios de marzo de ese año a una condena de seis años y un día de inhabilitación especial al alto mando policial. El fiscal anunció un recurso ante el Tribunal Supremo, órgano que falló en diciembre del mismo año, decretando la absolución para Ballesteros, al considerar el alto tribunal que ya había sido juzgado por los mismos hechos en el año 1985.

Deportado en Yeu, muerto en Biarritz

JOXE MARTIN SAGARDIA ZALDUA era vecino de Usurbil (Gipuzkoa) y se refugió en Ipar Euskal Herria en diciembre de 1973. En 1976 fue confinado junto a otros refugiados en la isla de Porquerolles y al año siguiente en la de Yeu. El 30 de noviembre de 1980, Sagardia salió de su domicilio en una céntrica calle de Biarritz con intención de acudir a su trabajo en la cooperativa Sokoa. Revisó los bajos del vehículo como hacia habitualmente, por si había algún artefacto explosivo. Sin embargo, cuando tras arrancar el motor giró el volante para maniobrar, el vehículo estalló. La explosión destrozó una tienda de bicicletas ubicada en las inmediaciones e hirió a su propietario, y también a un viandante. Según relató la policía francesa, el artefacto estaba compuesto por unos tres o cuatro kilogramos de goma-2 y había sido dispuesto con el llamado sistema de pinza, que accionaba el explosivo en el momento de girar el volante del coche. El método fue calcado al utilizado en diciembre de 1978 para acabar con la vida de Argala. Diversas fuentes atribuyeron el atentado, en especial por la utilización del artefacto explosivo, al grupo de Jean Pierre Chérid.

Unos meses antes, con motivo de la muerte de otros refugiados, el diario *El País* desveló que unos veinte antiguos terroristas de la OAS y miembros del hampa marsellesa conformaban los comandos que atacaban a los refugiados en Ipar Euskal Herria, y que tenían sus guaridas entre Castellón y Alicante. En ese año, el abogado Juan María Bandrés hizo una intervención parlamentaria que no tuvo respuesta. En marzo de 1980, la Policía había detenido a varios mercenarios armados en el hotel Txartel de Lasarte-Oria. Los arrestados pidieron hablar con Madrid, en concreto con Manuel Ballesteros, una de las x del BVE, que ordenó inmediatamente la libertad de los detenidos. Según el abogado, los arrestados eran los que estaban cometiendo los atentados de esos meses. En noviembre de 2022, el delegado del Gobierno en la CAV ordenó retirar el nombre de la plaza de Sagardia en Usurbil, así como una placa con su nombre.

Hipótesis confirmadas y otras sin respuesta

A LO LARGO DE LOS AÑOS, se sucedieron atentados y desapariciones en los que el BVE estuvo implicado de forma directa, reivindicada o bajo sospecha, pero, en algunos casos, el silencio, la manipulación o las diferentes versiones dejaron abiertas múltiples hipótesis.

El 24 de junio de 1981, tres jóvenes que salían del restaurante Beti Alai de Tolosa fueron ametrallados por dos desconocidos. Dos de ellos fallecieron en el acto, Iñaki Ibargutxi Erostarbe y Juan Manuel Martínez Castaños, ambos de 26 años, de Miravalles y Durango, respectivamente. Un tercero, Pedro Conrado Martínez, hermano del anterior y de treinta años, fallecería meses más tarde a consecuencia de las heridas. Eran vendedores de libros a domicilio.

La reivindicación de las muertes por parte de la Triple A y el BVE, así como una llamada anónima al diario *Egin* desmintiendo la autoría de ETA, indujeron a pensar en la autoría de grupos parapoliciales. La reivindicación del BVE se produjo apenas unas horas después del atentado: «El Batallón Vasco Español reivindica las muertes de Tolosa por el hecho de ser vascos, a cada muerte hecha por los terroristas caerán cien vascos. ¡Viva Tejero!».

Con el clima político de los días anteriores, las reivindicaciones parecieron verosímiles. La víspera, varios militares golpistas de alta graduación, entre ellos el comandante Ricardo Sáenz de Yniestrillas, habían sido detenidos por preparar un nuevo golpe de Estado. Unos días antes, se había conocido también el crimen de Almería perpetrado por la Guardia Civil que confundió a tres jóvenes cántabros con militantes de ETA, a los que mató después de torturar.

Sin embargo, la familia de los hermanos Martínez Castaños, que se apoyó en las declaraciones de los testigos del ataque que afirmaron que sus autores hablaban en euskara y, según el diario *Egin*, llegaron a gritar «Gora ETA militarra» y «Gora Euskadi Askatuta», señaló que el «atentado se trataba de una equivocación». Ibargutxi pertenecía al PNV, que decretó un día de duelo en todos su batzokis, y el entonces herido Pedro Conrado militaba en el PCE. Tanto el Gobierno central como el vasco, de boca de su consejero del Interior Luis María Retolaza, achacaron la autoría a ETA, mientas diversos partidos políticos, entre ellos PNV, PCE y PSOE, convocaron a un paro de diez minutos, en Hego Euskal Herria, «por la paz y contra la violencia y el terrorismo». Herri Batasuna, que apuntó a grupos parapoliciales, compareció en los funerales de los fallecidos, junto a representantes del PNV y del Gobierno Vasco. Y el diario *Egin* tituló: «Los móviles del atentado de Tolosa no están claros».

Las dudas sobre la autoría se mantuvieron durante décadas y la justicia española llegó a condenar a seis años de prisión a un joven tolosarra por haber albergado «al comando que llevó a cabo la muerte de los tres vendedores». En la entrevista que concedió la última dirección de ETA al periodista Iñaki Soto, la respuesta a la pregunta sobre el atentado de Tolosa fue la siguiente: «Aquel suceso fue un grave error de ETA, y así queremos reconocerlo públicamente. No estamos capacitados para decir por qué se produjo semejante confusión y por qué hubo problemas para asumir aquello como era debido».

Al margen de este hecho, otro caso, en esta ocasión sin respuestas concluyentes, se produjo con la desaparición de Annie Inchauspe y Patrick Ly en junio de 1976. Ella era natural de Muskildi (Zuberoa) y él de padre vietnamita y madre de Azkaine (Lapurdi). Desaparecieron y no hubo noticias de ellos desde la fecha indicada. Según contaban sus cercanos, Patrick, fotógrafo y periodista, tenía informaciones muy relevantes sobre el BVE que trasladó en el bar Etxabe a refugiados y parroquianos, manifestando que tenía una cita en un lugar sin identificar, a la que finalmente acudió en compañía de Intxauspe. Jamás hubo reivindicaciones y Anai Artea la incluyó en la lista de desparecidos por la acción de grupos parapoliciales. Su secuestro, de haberse producido, hubiera sido un mes antes que el de Pertur.

Algunas cuestiones relacionadas con la desaparición de ambos crearon confusión. La familia Intxauspe tuvo conocimiento de la desaparición un mes más tarde. Al parecer las relaciones entre ellos no eran muy fluidas, porque Annie había quedado embarazada de un refugiado. Durante años, Piarres, el padre, estuvo obsesionado con la desaparición de su hija. Investigó por su cuenta y viajó incluso a Marruecos, donde creyó encontrar una pista sobre el paradero de Annie. Pero todo fue en vano. Piarres falleció en 2001 y su esposa Maddi diez años más tarde. Jamás tuvieron noticias de su hija a través de la Policía francesa; jamás recibieron amenazas, ni reivindicaciones.

La familia del fotógrafo Patrick Ly había llegado de París. El padre abrió un restaurante asiático en Donibane Lohizune, que se mantuvo durante muchos años, y regentaron asimismo el bar Kaiku. El negocio de restauración de los Ly dejó de ser boyante y al poco de la desaparición del hijo, los padres retornaron a París. Antes habían contratado un detective para investigar la desaparición de su hijo, sin resultado.

La familia Etxabe creía que el BVE estuvo detrás de los secuestros. Ximun Haran, presidente del PNV en Ipar Euskal Herria, era de la opinión de que la muerte de Annie se debió a que «estuvo en el lugar equivocado y vio cosas que no debía haber visto». Los antecedentes para suponer que la desaparición de Intxauspe y Ly fue de motivación política tienen que ver con que Annie ya había sido secuestrada anteriormente. Y su detención se produjo en territorio francés, en mayo de 1975, tras haber pasado los puestos fronterizos de Behobia. Cuando se disponía a continuar hasta su domicilio, unos policías españoles de paisano se le acercaron. Lo más sorprendente es que relató que, tras permanecer en la comisaria de Irun y Donostia, la trasladaron a interrogar al cuartel militar de Loiola, sede del Tercio Sicilia 67 y de los servicios secretos militares, donde la tuvieron retenida durante doce horas. Según contó a sus amigos, únicamente le preguntaron por los conocidos que tenía entre los refugiados, en especial por varios de ellos. En agosto de ese mismo año, fue nuevamente detenida cuando cruzaba la muga por la localidad navarra de Bera y una vez más fue interrogada por sus amistades entre los refugiados. La Policía española sospechaba que actuaba de correo para ETA.

Otro caso sin resolver fue el de Pierre Goldman. El 20 de septiembre de 1979, cuando se encontraba en una pequeña plaza en el barrio XIII de París, en la cercanía de la Porte d'Italie, dos mercenarios, a cara descubierta, le descerrajaron nueve tiros que le produjeron la muerte inmediata. Un tercer mercenario cubrió su retirada. Los testigos declararon que los tres autores lanzaron varias frases en castellano antes de identificar a su víctima. La muerte de Goldman, en cuya investigación se implicaron jueces, policías y servicios secretos, quedó impune. Jamás hubo una resolución del caso, que quedó abandonado.

Pierre Goldman fue un icono de la izquierda revolucionaria francesa. Combatió en la guerrilla comunista del FALN de Venezuela, tras residir anteriormente en la Cuba entonces liderada por Fidel Castro. Era hijo de una familia de resistentes de origen judío-polacos, y regresó de Venezuela al Estado francés en septiembre de 1969, donde, según un confidente policial, participó en tres atracos, en los que fallecieron tras un tiroteo dos empleados de una farmacia. Fue absuelto en segundo juicio. También escribió varios libros, de gran éxito editorial, en los que de modo autobiográfico relató su trayectoria.

En medio del mutismo policial, los primeros datos sobre la muerte de Goldman, su conexión con ETApm y la participación de mercenarios del BVE en el atentado que acabó con su vida los reveló Jean-Paul Dollé, en un libro editado por Gallimard en 1997. Unos años más tarde, Silvia Braibant desvelaba en *Le Monde Diplomatique* más reseñas, avalando la tesis de Dollé. En 2010, en un documental de Canal+, un antiguo mercenario sin identificar revelaba que Pierre Debizet dirigía un grupo clandestino dentro de las cloacas del Estado francés encargado de realizar atentados contra objetivos que ponían en entredicho la seguridad y la unidad del Estado francés. Su grupo se nutrió de policías y miembros de la OAS. Según el anónimo interlocutor, Debizet había organizado el atentado contra Goldman. Ya en 2006,

Lucien Aimé-Blanc, antiguo policía que dirigió la OCRB (Oficina Central de Represión del Bandidismo), había anotado en su biografía, *L'Indic et le Commissaire*, que «un comando de los GAL, un escuadrón de asesinos españoles, dirigido por Jean-Pierre Maïone» había matado a Goldman. Según el policía, «Maïone había sido miembro de un grupo de mercenarios que operaban desde el sur de Francia para asesinar a etarras» y era su confidente, también de la DST (Direction de la Surveillance du Territoire). Asimismo, Aimé-Blanc llegó a escribir que Goldman se reunía con militantes de ETApm en París, y que preparaban un grupo para atentar contra los mercenarios del BVE: «De tanto pregonar sus futuras acciones contra el GAL, Goldman se convirtió en alguien peligroso».

Otro caso resuelto judicialmente ocurrió en Baigorri (Nafarroa Beherea). Quienes fueron condenados, militantes de Iparretarrak, lo negaron rotundamente en numerosas ocasiones, incluido en el proceso judicial. En marzo de 1982, se produjo un atentado mortal contra dos miembros de la CRS en Baigorri, Jacques Bouyer y Bernard Roussarie, cuando salían de un restaurante después de haber cenado con otros compañeros. El BVE reivindicó la acción: «Por cada guardia civil que maten, morirá un gendarme». Ya entonces, ETA e Iparretarrak negaron cualquier implicación en el mismo.

Y como en otras ocasiones, se propagó una ceremonia de confusión. El periodista Ander Landaburu imputó la muerte de los gendarmes a Seaska, la coordinadora de ikastolas de Ipar Euskal Herria. Para el Comité de Refugiados Políticos este acto estaba destinado a «crear contradicciones entre el Gobierno de Mitterrand y los diferentes aparatos policiales y, en definitiva a buscar la justificación que de origen a una oleada represiva sobre los refugiados y la población de Euskadi Norte». La Policía francesa aprovechó la ocasión para dirigir una razia contra el movimiento abertzale y criminalizarlo, a pesar de que todas las formaciones de Ipar Euskal Herria condenaron el atentado. El 10 de noviembre de 1992 un tribunal francés condenó por estos hechos a dos militantes de Iparretarrak, Filipe Bidart y Gabi Mouesca, a la pena de reclusión perpetua y quince años respectivamente. Los militantes de Iparretarrak continuaron negando haber participado en estos hechos. La pista del BVE fue citada también en el juicio, aunque había sido abandonada por el inspector Fabries, encargado de su investigación.

Más atentados, más víctimas mortales

ENTRE NOVIEMBRE DE 1976 y marzo de 1977, hubo una constatación que relacionaba el intento de negociar con ETA y su fracaso, con la intensificación de la llamada guerra sucia. El Gobierno, con Martin Villa, su ministro del Interior, había abierto una vía de acuerdo en Suiza con ETApm que ETAm rechazó. Hubo otra vía, a través del socialista Txiki Benegas, que tampoco fructificó. Benegas diría que contaba con el aval de la Internacional Socialista; ETAm, en cambio, interpretó que esa vía era una rama más de la abierta por Martín Villa. Lo destacable es que todos los objetivos en Ipar Euskal Herria fueron militantes de ETAm y ninguno de ETApm. Cabe destacar que el primer objetivo fue José Manuel Pagoaga, *Peixoto*, que ya había estado en Suiza en el primer contacto con el Gobierno, representado por Javier Ugarte, de sus servicios secretos. Peixoto logró sobrevivir, pero quedó ciego de por vida.

El atentado contra Peixoto se produjo del 13 de enero de 1979, tres semanas después de que el BVE matara a Argala, cuando varios individuos que circulaban a bordo de una furgoneta de color blanco tirotearon al militante vasco cerca de su domicilio, en las inmediaciones de la Plaza des Basques, a las afueras de Donibane Lohizune. Emplearon para ello dos escopetas de caza cargadas con postas que produjeron seis impactos en el cuerpo de Peixoto. El atentado fue reivindicado por la Triple A.

Unos meses más tarde el objetivo sería Txomin Iturbe Abasolo, también natural de Arrasate, como Peixoto. La acción sucedió en las inmediaciones del hipódromo Des Fleurs, en Biarritz. Iturbe iba conduciendo cuando desde un vehículo, en el que viajaban tres individuos, le dispararon dos tiros, alcanzándole uno de ellos en un brazo. Iturbe logró huir del lugar y ser atendido en el domicilio de otros refugiados. Se trataba del cuarto atentado que sufría en el curso de los últimos cinco años. El primer intento se produjo el 22 de octubre de 1975 cerca de su domicilio en Baiona. Iturbe, junto a un amigo, se dirigió hacia dos individuos que estaban apostados en las inmediaciones. Los dos sospechosos huyeron. El 15 de noviembre del mismo año ocurrió el segundo, esta vez más grave. Iturbe, acompañado de sus dos hijos de corta edad, salía de su casa para tomar el coche. El mayor de los niños se percató de que, bajo el vehículo, había un paquete. Cuando intentaron protegerse, el artefacto estalló. Los niños sufrieron heridas leves, pero el coche quedó destrozado.

Francisco Letamendia Belzunze, *Ortzi*, abogado en el Proceso de Burgos, fue objeto de una carta bomba el 20 de noviembre de 1978, cuando ya había dimitido como parlamentario de Euskadiko Ezkerra en Madrid. A comienzos de 1981, el 7 de enero, serían los abogados donostiarras Miguel Castells e Iñaki Esnaola quienes recibirían sendos paquetes sospechosos en sus domicilios. Los paquetes estaban formados por una pastilla de turrón y unos cables, simulando un artefacto explosivo.

Otro de los atentados contra refugiados se produjo en la mañana del 21 de marzo de 1981 en las cercanías del cementerio de Donibane Lohizune. Los objetivos, Eugenio Etxebeste y Faustino Villanueva. Desde un vehículo comenzaron a disparar con pistolas contra ambos. La agresión fue repelida por otro refugiado armado que, por casualidad, se encontraba en las cercanías, provocando la fuga del comando parapolicial y el posterior accidente del vehículo a la altura de Bidarte, que ardió en llamas como consecuencia del impacto de una de las balas en el depósito de gasolina. Uno de los refugiados resultó herido de bala en una pierna. Los dos miembros del comando que efectuaron los disparos, Jean Pierre Chérid y Mario Ricci, lograron huir tras el suceso en la autopista, pero la policía francesa detuvo posteriormente en un paso fronterizo al ciudadano de origen checo Vladimir Vit, exteniente del Ejército francés, que desempeñaba labores de traductor en la Dirección General de la Seguridad española en Madrid. Murió de una afección coronaria en una cárcel de París en el año 1982 y su esposa, Isabel López, recibió una indemnización por parte del Ministerio del Interior español. El BVE reivindicó la acción y recalcó que iba dirigida contra Eugenio Etxebeste.

En agosto de 1975, en Bardoze (Lapurdi), fue ametrallada una furgoneta en la que viajaban refugiados vascos con sus familiares, que resultaron ilesos. En febrero de 1976, los refugiados Isidro Garalde y Angel Iturbe descubrieron antes de arrancar el vehículo una bomba adosada a los bajos. Tomás Pérez Revilla sufrió dos atentados en 1976. En el primero, tras explotar una bomba en su vehículo, quedó levemente herido. En el segundo, con armas de fuego, fue herido nuevamente, junto a su pareja Felisa Ziluaga y su hijo Haritz. En octubre de ese año, a otro refugiado, Julián Unanue, le explotó el coche, y su acompañante quedó gravemente herida.

Aunque a menudo se ha referido al atentado contra Xabier Agirre en París el 23 de abril de 1981 como el último del BVE, hubo otros posteriores. En aquella ocasión, Agirre que se encontraba duchándose en su vivienda, fue tiroteado por dos individuos que encañonaron a su hermana para penetrar en la casa. Sufrió graves heridas, pero sobrevivió. Los testigos identificaron a uno de los atacantes como Jean-Pierre Chérid. Exiliado desde 1975, Agirre había militaba en Euskadiko Ezkerra. Más tarde, el primero de enero de 1982, el taxista Pablo Garaialde, de Alegia (Gipuzkoa), apreció muerto con sus manos atadas y dos disparos de escopeta impactados en su rostro, en Berastegi (Gipuzkoa). Garaialde era simpatizante del PNV, y el atentado fue reivindicado por la Triple A.

Hubo otra serie de atentados, con intención de provocar una masacre. Al mediodía del 12 de septiembre de 1980 estalló una bomba en la sede del PCE, en la calle Comedias de Iruñea. Hubo heridos, también en la peluquería superior a las oficinas comunistas, pero no hubo víctimas mortales. El atentado fue reivindicado por el BVE y la Triple A. Unos minutos después, explotaba otro artefacto en la sede del sindicato UGT en la calle Albéniz, con el resultado de varios heridos y el desplome de las oficinas.

En septiembre de 1976, María del Mar Godoy, militante de CCOO, presa durante el franquismo, fue secuestrada y abandonada después de haber recibido una paliza, en Gasteiz. También en la capital alavesa sufrió un ataque similar Amparo Lasheras, secretaria del colegio de abogados. Un mes más tarde, Vicente Velasco Garrán falleció en el hospital después de una larga agonía derivada de la paliza que le propinó en Laudio un grupo de «incontrolados» en el contexto de una huelga general. En ese año también José Luis del Campo Estévez, de EMK, fue secuestrado y agredido.

Los secuestros para apalear y torturar a la víctima, con reivindicación posterior, siguieron siendo numerosos: Jesús Pérez en Bilbo; Juan Antonio Goienetxea Fradua en Bermeo (Bizkaia); José Aiartza en Larrabetzu (Bizkaia); Joxe Martín Bengolain en Idiazabal (Gipuzkoa); Joxe Mari Arruti en Andoain (Gipuzkoa); Xabier Antoñana en Viana (Nafarroa), José Manuel Mendizabal en Donostia, Salvador González Batiz en Gallarta (Bizkaia), Xanti Vicente e Imanol Aizkorreta en Orereta (Gipuzkoa), Andrés Erdozia en Etxarri Aranatz (Nafarroa)... El 26 de agosto de 1978, incendiaron la sede del Partido del Trabajo (PTE) de

Portugalete (Bizkaia). Uno de los agresores, Fernando Dalmases, resultó alcanzado por las llamas y falleció días después. En noviembre de ese año, estalló una bomba en la sede de ELA en Elorrio.

En octubre de 1977, desconocidos secuestraron al taxista David Salvador Jonio en Hernani y lo abandonan muerto con varios disparos en la cabeza. La acción, reivindicada por la Triple A, pretendía dar un escarmiento a un «confidente de ETA». El 26 de mayo de 1978 fue secuestrado y muerto en Irun el taxista Martín Merkelanz. El atentado fue reivindicado por el BVE, que en su comunicado aseguraba tener «una lista de 54 abertzales que morirán como Merkelanz». El Gobierno Vasco lo incluye en su «Informe sobre víctimas del terrorismo practicado por grupos incontrolados, de extrema derecha y el GAL», mientras que COVITE y la FVT, como víctima de ETA.

El 27 de agosto de 1980, el agente de aduanas de Irun, José María Etxebeste Toledo, simpatizante del PNV, murió en atentado a las puertas de su casa, tras recibir varios disparos de posta con escopetas de cañones recortados.

El BVE reivindicó la acción, manifestando haberse confundido de persona. El 5 de febrero de 1979, José Medina Sánchez resultó herido en un atentado con armas perpetrado por un comando parapolicial en el barrio de Loiola en Donostia; en marzo, Alberto Uranga, en Amasa-Villabona (Gipuzkoa); en abril, Jokin Gillenea Mujika y Kike Iraola, en el barrio donostiarra de Egia; y en julio de 1982, Joseba Elosua, simpatizante del PNV, en Irun por el BVE.

El 21 de septiembre de 1980, en una acción indiscriminada, un vehículo disparó desde dos de sus ventanas laterales a los paseantes de la calle Fray Juan de Zumarraga de Durango, con el resultado de varios heridos. El BVE asumió la acción, y dijo que los disparos iban dirigidos a un dirigente de Herri Batasuna. Instantes más tarde, los puntistas Jaime Bornatexea y el mexicano Iker Ibarluzea fueron secuestrados en Markina-Xemein (Bizkaia) por varios individuos que se presentaron como guardias civiles. Llevados a una chabola, fueron apaleados. Sobrevivieron. También reivindicó el BVE. En marzo de 1980, Jesús Ijurko y su compañera Mari Carmen Illarramendi resultaron gravemente heridos en Orereta al explotar su vehículo en acción reivindicada por el BVE.

El caso de Antonio Murillo, que a las cuatro de la madrugada de 26 de junio de 1981 recibió un tiro mortal de revolver en Hernani, sigue sin concitar elementos de juicio suficientes para saber si fue un ataque parapolicial. Aunque algunas asociaciones, como COVITE, interpretan que fue víctima de «la extrema derecha», otras, en cambio, lo rechazan. Fue reconocido como «víctima del terrorismo», mientras el Ayuntamiento de Hernani lo introduce en la carpeta de «a resolver». Su muerte fue reivindicada por un hasta entonces inexistente Grupo Autónomo de Autodefensa de Euskadi (GAAE): «Actuaremos severamente contra toda la mafia que tiene relación con el tráfico de drogas y otras formas de alienación de la juventud», expresaron.

Respuestas y represalias

LAS ACCIONES DEL BVE y sus franquicias, la impunidad e inmunidad de los mercenarios y policías que participaron en ellas crearon una especie de frustración en el movimiento popular que las denunciaba. Hubo movilizaciones cuando los actos ultras fueron anunciados con anterioridad, como en Iruñea o Donostia. Pero también ETA mantuvo entre sus objetivos militares a los mercenarios que actuaban contra los refugiados.

En mayo de 1978 se produjo un ataque concertado de ultraderechistas en Iruñea, convocados por los Guerrilleros de Cristo Rey. Hubo varios heridos graves, entre ellos, Antonio Fernández y Esteban Muñoz. La sede de LKI sufrió varios intentos de asalto por incontrolados que esgrimieron públicamente pistolas. El bar Tilos sufrió el ametrallamiento de su establecimiento. En el transcurso de los graves incidentes, en un enfrentamiento en la calle Chapitela, murió de un navajazo uno de los miembros de los grupos parapoliciales, que resultó ser el subteniente de la Guardia Civil Juan Antonio Eseverri Chaverri, quien había disparado fuego real. Con relación a esta muerte 52 personas fueron detenidas acusadas de haber participado en el homicidio. En 2023 la Guardia Civil le realizó un homenaje, añadiendo que «murió en acto de servicio», a pesar de que Eseverri jamás fue nombrado víctima del terrorismo.

El 24 de febrero de 1978, ETA mató en Bilbo al policía municipal Manuel Lemus Moya. En su reivindicación indicaron su ligazón con el terrorismo de Estado. El 16 de marzo, a Esteban Beldarrain, en Lemoa (Bizkaia). El 2 de agosto de 1980, ETApm secuestró y mató a Mario González Blasco; le acusó de ser el causante de la muerte de Jesús Mari Zubikarai, reivindicada por el BVE. El cadáver de González apareció en el mismo lugar donde había aparecido el de Zubikarai, con una foto del militante abertzale pegada a su rostro. ETApm desveló que en el atentado del BVE había participado también el guardia civil Cecilio Paul de la Montaña.

El 8 de octubre de 1983, ETA mató en Hernani a Juan José Pulido, a quien acusó de ser mimbro de la Triple A y del BVE. El 3 de mayo de 1984, otro comando de ETA atentó mortalmente en Irun contra Angel Rodríguez Sánchez, natural de Extremadura, al igual que Pulido, bajo la misma imputación: haber formado parte de grupos paramilitares. Y en noviembre del mismo año, también en Irun, mataron a Joseph Couchot, bajo la misma acusación. El 20 de marzo de 1986, ETA mató en Zumaia a José Ignacio Aguirrezabal de la Granja, acusado de pertenecer a las tramas parapoliciales.

El 16 de agosto de 1985, ETA mató en Benicàssim (Castellón) al ya mencionado Clement Perret Benaim, a quien los medios habían señalado desde 1980 como uno de los mercenarios habituales de los grupos parapoliciales españoles, que había trabajado, junto a su hermano Gilbert, tanto para el BVE como para los GAL. Los hermanos Perret provenían de Aix-en-Provence y habían sido miembros activos de la

OAS en Argelia. Después de la independencia del país magrebí se instalaron en Madrid y fueron incorporados a la guerra sucia en 1977, por Roberto Conesa, entonces comisario general de Información, y Antonio González Pacheco, *Billy el Niño.*

Los ajustes de cuentas entre mercenarios o, probablemente, para callar sus confesiones fueron, asimismo, numerosos. El caso más llamativo fue el de Joseph Zurita, que salió en libertad después de ser detenido por el atentado contra Juan José Etxabe en el que murió su esposa Agurtzane Arregi. En sus movimientos, Zurita fue ayudado por dos mujeres, Marie Jeanine Pueyo y Liliane Satin. Esta última murió acuchillada, en noviembre de 1980, en la localidad francesa de Tarbes, justo salir de prisión, donde cumplió condena por el atentado contra Etxabe. Ese mismo mes, Pueyo, la otra implicada, falleció, esta vez por disparos, también en Tarbes. En junio de 1999 fue muerto a tiros, en Málaga, Patrick Zurita, hijo de Joseph Zurita. Horas más tarde, eran tiroteados, falleciendo poco después, Rachi Boaziz, que aparentemente había matado a Patrick Zurita, y Abdelhakin

Yahiaoui, lugarteniente de Zurita. En esos años y siguientes, se produjeron hasta una decena de muertes relacionados con antiguos miembros de los GAL, la mayoría señalados por fuentes policiales como ajustes de cuentas entre narcotraficantes.

A partir de 1983, los GAL fueron precisamente la continuidad del BVE y sus franquicias. Con algunas diferencias, entre ellos, y la más notable, la diseñada estructuración de sus tres patas: las dirigidas por los servicios secretos, por la Policía y por la Guardia Civil. Las condenas judiciales a miembros de los GAL, que fueron más numerosas aunque no demasiadas, permitieron definir la planificación desde distintos aparatos del Estado. Otra diferencia fueron los objetivos. Mientras para los GAL fueron ciudadanos o refugiados en Ipar Euskal Herria, para el BVE sus acciones se centraron a ambos lados de la muga, incluso en París y Venezuela. Los GAL tuvieron alguna acción diseñada para efectuarla en escenarios lejanos, como República Dominicana, pero finalmente desistieron por razones diplomáticas. En otros apartados, especialmente en la captación de mercenarios, las similitudes fueron las mismas. El paradigma fue el de Jean Pierre Cherid, sicario de la OAS francesa en Argelia y Francia, activista ultraderechista en Montejurra y mercenario del BVE y los GAL hasta su muerte cuando preparaba un atentado contra refugiados en Biarritz, en marzo de 1984.

Anexo

Atentados del BVE (y franquicias) contra ciudadanos vascos:

- 1975: 175
- 1976: 118
- 1977: 23
- 1978: 52
- 1979: 112
- 1980: 80
- 1981: 23
- 1982: 17
- 1983: 10
- Total atentados 1975-1983 contra ciudadanos vascos: 600
- Víctimas mortales: 40

Atentados de los GAL:

- Total atentados 1983-1987 contra ciudadanos vascos: +40
- Víctimas mortales: 27

Este libro,
IMPUNES,
se terminó de diseñar, componer y maquetar en Elo,
utilizándose la familia tipográfica Celeste
creada digitalmente por Chris Burke en 1990,
cincuenta años después del ataque con explosivos
a la librería Mugalde de Hendaia, primer atentado
documentado contra el exilio vasco, que marcó el inicio
de la violencia parapolicial.

Aurkeztu dizugun liburuaren eduki, itxura edo inprimaketari buruzko iritzia guri helarazi nahi izanez gero, bidal iezaguzu. Zinez eskertuko dizugu.

La Editorial le quedará muy reconocida si usted le comunica su opinión acerca del libro que le ofrecemos, así como sobre su presentación e impresión. Le agradecemos también cualquier otra sugerencia.

EDITORIAL TXALAPARTA S.L.L.
San Isidro 35
31300 TAFALLA
Nafarroa
Tfno.: 948 70 39 34
info@txalaparta.eus
www.txalaparta.eus